쉽게 풀어 쓴 홍익국부론

쉽게 풀어 쓴
홍익국부론

경희대학교 명예교수 강정모 원저

황인희 지음

율곡출판사

머리말

    시간의 흐름에 따라 인간의 모습은 끊임없이 변합니다. 어린 아이는 어른으로 자라나고 장년과 중년의 시기를 지나면 얼굴에 주름살이 가득한 노년기를 마주하게 됩니다. 사람의 모습이 변하는 것은 쉽게 발견할 수 있지만 우리가 몸담고 살고 있는 사회가 변화하는 모습은 눈에 잘 보이지 않습니다. 그러나 사회도, 발전하든 퇴보하든 끊임없이 변화하고 있습니다. 그래서 어떤 학자들은 사회가 생명을 가진 존재처럼 살아 움직인다고도 했지요.

    인류는 지구에서 무척 오랜 시간을 살아왔습니다. 한반도에서 인류가 살기 시작한 것만 해도 70만 년 전의 일입니다. 그런데 그 70만 년 동안 인간 사회가 고른 속도로 발전해온 것은 아닙니다. 처음 인류가 살기 시작한 때를 구석기 시대라고 한다면 그 다음 문명의 시대는 신석기 시대입니다. 농사를 짓고 집을 지어 정착 생활을 했던, 당시로는 첨단 문명의 시대, 그러나 여전히 돌멩이로 도구를 만드는 데서 벗어나지 못했던 신석기 시대가 시작된 것은 불과 1만 년 전의 일입니다. 그러니까 한반도에서의 구석기 시대는 무려 69만여 년이나 지속되었던 것입니다. 지금 우리가 보면 무척 오랜 시간으로 보이지만 신석기 시대에서 청동기 시대로, 청동기 시대에서 철기 시대로의 변화는 더 급박하게 진행되었습니다.

인류 사회의 변화 속도는 근대와 현대에 들어와 더 빨라졌습니다. 중요한 점은 우리가 그 변화를 강 건너 불구경하듯 무심히 지나칠 수 없다는 것입니다. 그 눈부시게 빠른 변화의 속도에 맞춰 대응하지 않으면 새로운 시대를 살아가기 어렵습니다. 그래서 우리는 사회가 어떻게 변하는지 늘 관찰하고 그 변화의 물결에 대책 없이 휘말리지 않도록 끊임없이 연구하고 노력해야 합니다.

최근 들어 제4차 산업혁명이라는 말이 많이 사용되고 있습니다. 제4차 산업혁명은 2016년 세계경제포럼에서 언급된 새로운 용어입니다. 우리가 가장 잘 알고 있는 제1차 산업혁명은 18세기 중엽에 영국에서 증기기관을 기반으로 한 기계화 혁명이었습니다. 이 덕분에 인간은 육체노동을 조금 덜 할 수 있게 되었습니다. 제2차 산업혁명은 19~20세기 초에 일어난 전기혁명으로 대량생산이 가능하게 된 것을 말합니다. 제2차 산업혁명을 주도한 나라는 미국이었습니다. 전화, 텔레비전 같은 커뮤니케이션 기술이 토대가 되었습니다. 제3차 산업혁명이 일어난 것은 20세기 후반의 일입니다. 컴퓨터와 인터넷의 발달과 보급으로 지식 정보의 혁명이 일어나고 글로벌 IT 기업이 떠오르게 되었습니다. 그로부터 얼마 지나지 않은 지금, 제4차 산업혁명으로 다시 한 번 산업 구조와 사회 체제에 혁신이 일어나고 있습니다.

제4차 산업혁명의 핵심 용어는 현실과 가상의 융복합과 망(네트워크)입니다. 인류는 인공지능, 사물인터넷, 빅 데이터 등 지능정보기술이 다른 산업과 서비스에 융합되거나, 로봇공학이나 생명공학 등 여러 학문이나 새로운 기술과 결합, 네트워크로 연결되고 사물을 지능화하는 시대에 살게 된 것입니다.

이제 막 시작된 제4차 산업혁명의 시대는 젊은 세대가 주도적으로 이끌어가야 하는 시대입니다. 젊은 세대가 사회의 주역이 되었을 무렵 제4차 산업혁명의 물결이 바야흐로 우리의 삶과 경제 전반을 지배할 것이기 때문입니다. 그런 의미에서 제4차 산업혁명에 대해 젊은 세대는 특히 많은 관심을 가지고 그 너머의 시기까지 생각해야 합니다.

그렇다면 새로운 전환의 계기인 제4차 산업혁명을 맞아 우리는 어떻게, 어떤 대처를 해야 할까요? 새 시대에 맞게, 또 지금의 우리 사회에 맞게 새로운 발전의 틀과 발전정신이 필요한데 그 방향을 어떻게 잡아야 할까요? 이런 고민을 해결하도록 경제학자 강정모 교수님(경희대학교 명예 교수)께서는 우리에게 '홍익인간이념'이라는 커다란 이정표를 제시해주셨습니다. 강정모 교수님의 저서 『홍익국부론』은 홍익인간이념이 무엇이며 어떻게 홍익인간이념으로 제4차 산업혁명 시대에 대처하고 우리나라의 경제를 살릴 것인가에 대해 자세히 설명한 책입니다. 또 강정모 교수께서는 건국 이래 대한민국이 운영해온 자본주의 시장경제 체제가 우리에게 얼마나 유익하고 고마운 체제인가에 대해서도 상세히 설명해주셨습니다.

    이 책은 『홍익국부론』을 쉽게 이해할 수 있도록 풀어서 쓴 책입니다. 젊은 세대인 여러분이 이 책을 통해 홍익인간이념에 대해 이해하고 여러분의 삶의 지표로 받아들인다면 여러분은 제4차 산업혁명을 이끌어가고 그 시대를 보다 풍요롭게 누리는 선도적인 인물이 될 것이라 저는 확신합니다. 또 자본주의 시장경제 체제의 우수성에 대해 제대로 인식한다면 우리 경제가 나아갈 방향이 여러분 눈앞에 보이게 될 것입니다. 그런 의미에서 저는 여러분이 이 책을 열심히 읽고 홍익인간이념에 대해, 제4차 산업혁명에 대해, 시장경제 체제에 대해 보다 깊이 생각하기를 바랍니다. 그래서 이 책이 여러분 미래의 이정표가 되어주기를 기대합니다.

끝으로 이 책이 나오기까지 도움을 주신 모든 분께 감사의 인사를 드립니다. 명저 『홍익국부론』을 풀어쓰도록 허락해주신 강정모 교수께 머리 숙여 감사드립니다. 또 이 책의 출판을 선뜻 결정해주신 율곡출판사의 박기남 대표님과 관계자들께도 깊은 감사의 인사를 드립니다.

2019년 6월
황인희

차 례

머리말/iv

제1장 | 새로운 틀에 맞는 '우리의 이념'이 필요하다

1. 사회 질서를 유지해주는 '공감'……2
2. 우리나라에 꼭 필요한 새로운 발전의 틀……5
3. 인류 모두에게 보편적인 홍익인간이념……9

제2장 | 홍익인간의 유래와 가치

1. 홍익인간의 유래……14
2. 홍익인간의 이념과 의의……19
3. 대한민국 교육 이념으로서의 홍익인간……22
4. '교육법'에 담긴 홍익인간이념……25
5. 홍익인간의 현대적 가치……33

제3장 | 홍익인간과 경제

1. 경제 발전과 홍익인간……38
2. 부등식으로 나타낸 홍익인간상……40
3. 홍익인간 재세이화와 시장경제……45
4. 상생 발전을 위한 홍익인간이념……47
5. 새 발전정신으로 적합한 홍익인간정신……50

제4장 | 자본주의와 시장경제 체제

1. 부의 창출과 기업가정신……56
2. 기업가정신이란 무엇인가……59
3. 자본주의 시장경제가 펼쳐지는 조건……61
4. 자본주의 정신……83
5. 기업가정신과 홍익인간정신……86
6. 기업가 이윤은 정당한가……89
7. 기업가정신과 정부의 정책……90
8. 자본주의 시장경제 체제와 홍익경제……91
9. 경제 성장과 기업의 기능……94
10. 중소기업과 대기업……96
11. 시장의 기능……98

제5장 | 우리나라의 경제 발전은 어떻게 이루어졌을까

1. 우리나라의 경제 목표 …… 102
2. 일제강점기의 산업 발전 …… 104
3. 해방 후 인적 자본 축적과 토지개혁 …… 106
4. 대한민국 경제 기적의 비결 …… 108

제6장 | 우리나라 경제의 새로운 도전과 과제

1. 세계 경제 틀의 변화와 제4차 산업혁명 …… 127
2. 경제 성장의 급격한 둔화와 실업의 증가 …… 135
3. 총인구와 생산가능인구의 감소 …… 137
4. 소득분배의 악화 …… 141
5. 기술무역의 만성적 적자 …… 143
6. 새로운 틀에 맞는 제도 개선 필요 …… 147
7. 떠오르는 중국 경제, 뒤처지는 우리 경제 …… 149
8. 부정부패의 만연 …… 152
9. 그 외의 우발적 요인들 …… 153

제7장 | 새로운 발전 틀의 필요성과 홍익경제발전모형

1. 새로운 발전 틀이 필요하다 …… 156
2. 홍익경제발전모형 …… 169

3. 우리나라와 다른 나라의 기업 발전모형······203

제8장 홍익창조혁신생태계 중심지로 가는 길

1. 창조혁신생태계 중심지는 어떤 역할을 할까?······224
2. 창조혁신생태계 중심지는 어떤 혜택을 얻을까?······228
3. 창조혁신생태계 중심지로 성공하려면 어떻게 해야 할까?
   ······230
4. 창조혁신생태계 중심지가 되기 위한 우리나라의 강점
   ······232

제9장 홍익창조혁신생태계 중심지로서의 주요 과제

1. 시장경제 원리의 강화······249
2. 진입 규제의 최소화······252
3. 퇴출제도 개선을 통한 경쟁 촉진······253
4. 고등교육의 질적 수준 개선······254
5. 대학의 창의적 연구 능력 제고······260
6. 새로운 노동시장 수요에 맞춘 인재 양성······262
7. 인적 자원의 효율적인 활용······267
8. 기술 개발의 질적 수준 향상······282

제1장 새로운 틀에 맞는 '우리의 이념'이 필요하다

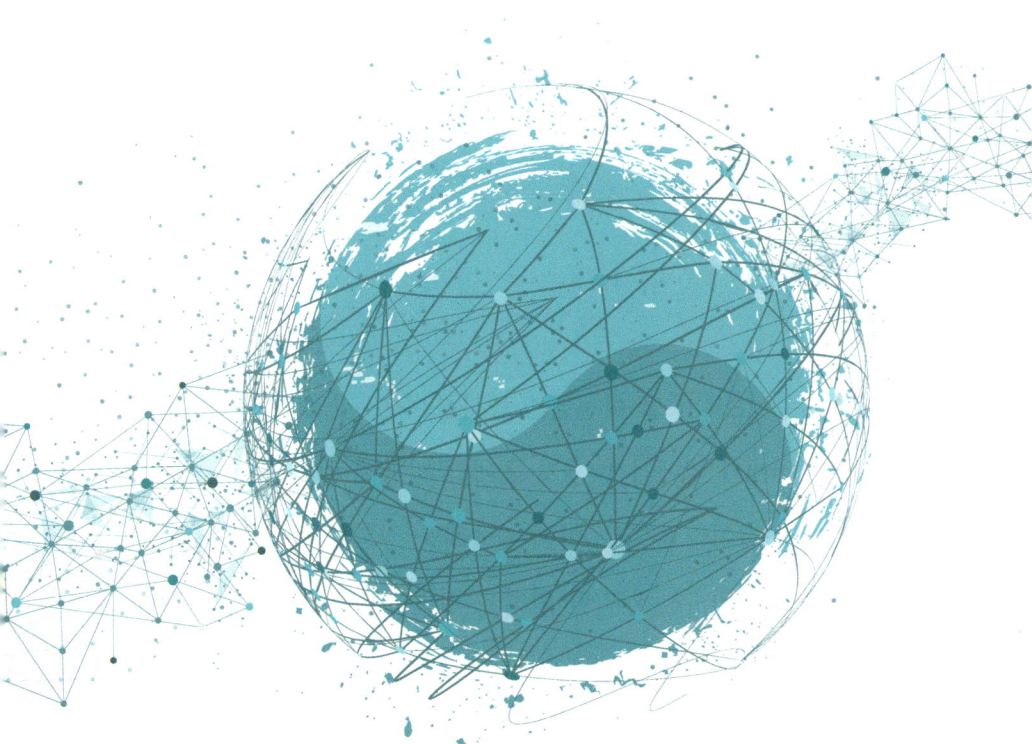

[물음]
사람들은 세상이 많이 변했다고 하는데 무엇이 어떻게 변한 건가요? 또 그렇게 변화된 사회에서는 어떻게 살아가야 하나요?

[답변]
21세기 들어 세계는 과학기술과 정보통신기술의 급격한 발달로 대변혁을 겪고 있습니다. 조직은 수직 사회에서 수평 사회로, 공급은 공급자 중심에서 수요자 중심으로, 의사결정은 논리보다는 감성의 지배를 받는 사회로 바뀌었습니다. 또 21세기에는 사람과 사람, 조직과 조직 사이의 네트워크가 대단히 중요해지고 있습니다. 이런 세계사적 변혁의 시대를 살아가려면 다양하면서도 크게 보고 생각할 줄 알아야 합니다. 또 유연한 상상력과 창의성은 물론 남을 배려하고 협력하는 '공감' 능력을 가진, 조직 친화력이 있는 사람이 되어야 합니다.

1. 사회 질서를 유지해주는 '공감'

인류는 18세기 말 이전에는 농사를 주로 짓고 살았습니다. 그런데 18세기 말에서 19세기 초에 공업 위주의 산업화, 근대화 시대로 접어들었지요. 이때 자유로운 상업사회가 등장했고 인류 문명의 역사는 커다란 변혁을 겪었습니다. 이 시기에 경제학의 아버지라 불리는 영국의 유명한 학자 애덤 스미스Adam Smith(1723~1790)는 『도덕감정론Theory of Moral Sentiment』이라는 책을 써냈습니다. 이 책에서 애덤 스미스는, 인간들이 이기적으로 행동하는 시장경제에서는 '공감 원리'가 도덕적 기초가 되어야 한다고 주장했습니다. 공감이란, 다른 사람과 입장을 바꿔 생각하여 그 사람과 같이 느끼고 생각하며 행동을 취하게 되는 감정의 상황을 말합니다. 이 공감은 사람들을 끈끈한 관계로 만들어주고 통합을 가능하게 해줍니다. 더 나아가 공감은 사회가 스스로 질서를 형성하는 데도 기여하지요.

인간이 공감을 중요하게 생각하고 그에 따라 행동하는 이유는 무엇일까요? 그것은 다른 사람에게 인정받고 비난은 피하려는 본능적 욕구 때문이라고 합니다. 거대한 상업사회에서는 서로 친하지 않거나 얼굴을 본 적도 없는 사람들이 분업하며 살아갑니다. 그런 속성상 사회는 자유와 이기심이 지배하게 됩니다.

하지만 만약 사람들이 서로 공감을 가지고 행동할 수 있다면 아무렇게나 행동하지 않고 절제하는 가운데 생산적으로 행동한다는 것입니다. 결국 공감을 나누기 위한 사교와 대화는 편안한 마음을 갖게 하는 강력한 치료제가 됩니다. 또 행복을 잃지 않으려는 최선의 예방책이며 균형 잡힌 사회를 이끌어가는 기본적인 태도가 될 수 있습니다.

애덤 스미스가 쓴 가장 대표적인 책은 『국부론』입니다. 이 책에서 그는 '자연적 자유와 완전한 정의의 사회'를 소망했습니다. 상업 사회에서 인간이 서로 소통하면서 행하는 여러 가지 덕德 중에 가장 뛰어난 것은 '정의'입니다. 정의는 인간들이 약속을 위반하거나 사기·폭력 등 정의롭지 못한 일을 저지르지 않도록 막아주는 기본적 생각입니다. 애덤 스미스는 정의의 규칙은, 시장에서 '보이지 않는 손'이 제 역할을 하게 하는 도덕적인 기초라고 말했습니다. 그는, 정의의 규칙이 바로 서고 사회 구성원 각자가 자신의 목표를 자유롭게 선택하며 그것을 이루기 위해 노력할 때 나라가 부강해진다고 했습니다. 또 정의의 규칙이 자유의 부산물인 공동선共同善으로 되돌려져 가난한 절대 다수의 국민을 번영의 길로 인도할 수 있다고 했습니다. '공동선'이란 사회나 여러 사람에게 좋은 것을 말합니다. 경제학이나 정치학에서는 모든 사람이나 모든 공동체 구성원을 위하여 분배되고 모두에게 이익이 되는 것을 말합니다.

애덤 스미스는 개인이 본능적으로 부를 추구할 때 생기는 생산의 힘은 위대하다고 했습니다. 그러나 무분별하고 공정하지 못한 방법으로, 수단과 방법을 가리지 않고 부를 늘리려는 중상주의 체제에 대해서는 비판적이었습니다. '중상주의'는 나라의 힘을 기르기 위해 국민 경제에 대한 정부의 규제와 통제를 증대시킨다는 개념이지요. 이 말은 애덤 스미스가 『국부론』에서 사용한 이후 일반적으로 통용된 말입니다. 중상주의자들은 자기 나라의 부강을 위해 거리낌 없이 다른 나라를 식민지로 삼으면서 인간의 욕구는 최소화되어야 한다고 주장했습니다.

시장경제에서 소득분배가 심하게 불공정해지면 공동체는 지속적인 질서를 유지하기 어려워집니다. 이런 상황이 되면 안전의 유지는 물론 발전도 불가능해지지요. 애덤 스미스는 '자유의 체제'에 기초를 둔 시장이 간섭받지 않고 유지된다면 인류는 번영할 수 있다고 했습니다. 그의 예측이 그대로 들어맞아서 18세기 중반 이래 세계인의 1인당 평균 소득은 크게 늘어났습니다.

2. 우리나라에 꼭 필요한 새로운 발전의 틀

자유인의 창의력은 사회 발전의 원동력이 됩니다. 그렇다면 경쟁시장의 질서와 효율을 믿는 사람들에게는 해결해야 할 문제가 하나 있습니다. 그것은 자유와 공정, 이 두 가지가 한꺼번에 존재할 수 있는 사회구성과 조직의 원리를 제시하는 것입니다.

이를 위해서는 새로운 발전의 틀과 함께 새로운 발전정신이 필요합니다.

우리나라는 그동안 전 세계가 깜짝 놀랄 정도로 빠른 경제 성장과 민주화를 이룩했습니다. 그러나 그에 못지않은 많은 문제도 안게 되었습니다. 극심한 사회적 갈등과 이념 분쟁, 부유층과 빈곤층의 양극화의 심화, 국민의 행복 불감증 등입니다. '불감증'이란 뭔가를 느끼지 못한다는 말입니다. 우리 국민은 웬만큼 행복해도 자신이 행복한 삶을 살고 있다는 것을 느끼지 못한다는 것이지요.

이런 상황에서, 이 엄청난 변혁의 시기를 잘 받아들여 우리나라가 선진국이 되려면 새로운 시대에 맞는 가치관을 제대로 세워야 합니다. 또한 올바른 방향으로 이끌어줄 수 있는 국가적 지침을 만들어야 합니다.

우리나라가 20세기에 세계가 놀란 경제 발전을 이뤄낸 그 뒷면에는 우리 고유의 정신 자본이 있었습니다. 이는 서양 물질문명을 충분히 품고도 남을 만큼 크고도 깊은 것이었지요. 이제 대변혁의 시기를 맞아 우리나라가 더욱 발전하려면 새로운 정신 자본이 필요합니다. 이는 미래의 성장 동력이 되고 새로운 글로벌 사회를 이끌어갈 수 있는 것이어야 합니다. 그래서 홍익인간과 같은 전통적 사상을 되살려 21세기의 새로운 체제에 밑바탕이 될 사고의 틀로 삼을 필요가 있습니다. 홍익인간은 5천 년 동안 우리 조상의 정신적 힘이 되었던 이념입니다. 이 훌륭한 이념을 잊지 말고 새로운 '우리의 틀'을 만들어내는 데 바탕으로 삼아야 할 것입니다. 우리나라가 선진국이 되려면 해결해야 하는 과제가 있습니다. 그것은 근대화 과정에서 생긴 이념과 지역 간의 갈등, 빈부의 양극화 현상, 정치·경제·사회·문화적 갈등을 한데 아우르는 사회적 통합입니다. 사람들이 자본주의 시장경제가 옳은 길이라 생각하고 지지하게 만들려면 경제 성장에서 얻어지는 수익이 여러 사람에게 혜택으로 돌아가야 합니다. 다시 말하면 두터운 중산층의 소비가 다시 경제 성장의 원동력이 되는 좋은 의미의 되풀이가 활발하게 이뤄지도록 해야 합니다.

　자기의 권익이 중요한 만큼 남의 권익도 인정하고 개인의 이익보다는 공공의 이익을 우선적으로 여기며, 개인주의와 함께 서로 잘되어야 한다는 상생의식이 적절하게 조화를 이루어야 사회적 통합이 가능합니다. 이것이 보다 발전된 자유민주주의 사회에서 건전한 사회 질서를 유지할 수 있는 길입니다. 그렇게 되어야 사회가 거둬들이는 모든 이익이 자기 이익으로 돌아올 수 있습니다.

해방 이후 우리 사회를 바꾼 커다란 변화가 세 가지 있습니다. 그것은 자유민주주의 체제와 자본주의 시장경제의 도입, 그리고 문화 충격입니다. 지난 70년 동안 지도자들의 창조적 의지와 지도력 덕분에 건국과 산업화, 민주화에는 성공을 했습니다. 그러나 아직 선진 문화 기반을 확립하지 못했습니다. 자본주의 시장경제의 가치관에 따라 인간관계가 이익 위주로 바뀌었기 때문에 전통적 가치관과의 충돌이 생겼고, 그로 인해 문화의 기반이 흔들렸기 때문입니다.

인간은 의식주 해결은 물론 사람다운 삶의 의미가 있어야 만족할 수 있습니다. 그래서 자기 삶을 위한 믿음직한 가치관이 있어야 하지요. 사람이 열심히 일해서 잘 먹고 좋은 집에 살게 되더라도 지난 인생을 돌이켜볼 때 삶의 의미와 가치를 찾을 수 없다면 자신이 초라하다고 느낍니다. 이렇게 삶의 의미를 찾게 해주는 핵심적 가치관은 훌륭한 의식주 못지않게 중요한 것입니다.

자유민주주의 사회는 수평적인 인간관계와 사회관계를 지향합니다. 그러나 우리 사회에는 아직도 수직적 신분사회를 이끌어오던 가치관과 관념, 문화가 그대로 남아 있습니다. 그것들이 지금도 우리의 삶을 지배하고 있는 것이지요. 이와 같이 문화가 발전하지 못하는 지체 현상을 극복하고 자유민주주의에 맞는 가치관을 제대로 세우려면 교육과 계몽이 필요합니다.

자유민주주의를 가능하게 한 제도와 법률의 바탕은 사상과 이념입니다. 문화로서의 사상은 그 자체만으로는 사회문제를 곧바로 해결하지 못합니다. 하지만 오랜 시간에 걸쳐 사회를 변화시키는 힘이 될 수 있습니다. 철학적 발상이 세계를 바꾼 대표적인 예는 계몽철학과 계몽주의 운동입니다. 또 모든 사람은 법 앞에 평등하다는 자유민주주의 사상도 대표적인 근대 정치사상입니다. 이러한 사상이 뿌리가 되어 새로운 정치제도와 법을 탄생시키고 사회를 완전히 변화하게 했습니다.

3. 인류 모두에게 보편적인 홍익인간이념

18세기 프랑스의 계몽사상가 볼테르Voltaire는 '관용寬容(톨레랑스)의 중요성을 강조했습니다. 그 영향을 받은 프랑스는 지금도 톨레랑스의 나라로 불립니다. 톨레랑스는 원래 종교적 이념에서부터 시작되었습니다. 나의 종교가 소중하다면 다른 사람이 믿는 다른 종교도 존중해야 한다는 것입니다. 관용은 이렇게 나와 생각이 다르더라도 너그럽게 받아들이고 인정하는 문화입니다.

지금 우리 사회에는 이 톨레랑스의 문화가 절실히 필요합니다. 프랑스의 톨레랑스처럼 우리에게도 새로운 가치 체계가 만들어져야 합니다. 이는 미래를 길게 보고 우리 사회를 올바르게 바꾸고 사람들의 생각과 태도에 근본적인 변화를 이끌어낼 수 있는 것이어야 합니다. 그러려면 글로벌 환경에서 누구나 받아들일 수 있는, 우리의 정신적 기반이 될 수 있는 이념을 제시해야 합니다. 이를 위해 한국의 정신적 가치와 문화 요소를 찾아내야 합니다.

최근 전 세계가 한류에 관심을 갖고 있습니다. K-팝과 K-뷰티, 한국 드라마, 한식 등이 한류를 이끄는 대표적인 분야입니다. 이러한 세계적 흐름에 더하여 국가의 철학과 핵심 가치, 비전을 분명하면서도 역동적인 표현으로 만들어 내놓아야 합니다. 핵심 가치는 모든 사람이 전통의 일부라고 느끼고, 모두를 포용하며 미래를 지향하는 비전이 있으면서도 친밀한 것이어야 합니다.

우리에게는 계승하고 발전시킬 정신적·문화적 자본이 많습니다. 그 중 하나가 바로 홍익인간이념입니다. 홍익인간이란 환웅으로부터 시작된 배달국倍達國 이후 적어도 7천 년 이상 우리 민족의 정신을 지배해온 이념입니다. 홍익인간은 우리 고대사의 핵심 가치였습니다. 1948년 대한민국 건국 당시 교육의 기본 이념으로 떠올랐지만 급변하는 역사의 흐름 속에서 희미해진 이념이기도 합니다.

그러나 홍익인간이념은 모든 인류에게 공통적으로 적용될 수 있는 보편적 이념입니다. 동양의 전통 사상은 물론 앞에서 살펴본 애덤 스미스의 '자연적 자유와 완전한 정의의 사회' 구현을 위한 정의, 볼테르의 관용, 미국의 경제학자 제레미 리프킨Jeremy Rifkin의 공감의 원리 등 서양의 철학적 개념까지 모두 담고 있습니다. 현대에는 과학 문명이 급격하게 발달하고 물질적 가치가 만연한 가운데 인간의 보편적 가치 개념이 사라지고 있습니다. 그런 현대 사회의 흐름 속에서 다시 찾아야 할 핵심적 정신가치가 바로 홍익인간이념입니다.

제2장

홍익인간의 유래와 가치

[물음]
홍익인간이념이 중요하다고 하셨는데 '홍익인간'은 무슨 뜻이며 언제 만들어진 말인가요?

[답변]
홍익인간은 '널리 인간 세상에 도를 넘치게 하여 널리 골고루 인간을 이롭게 한다' 라는 말이며 모든 생명을 사랑한다는 말이기도 합니다. 홍익인간이라는 말이 만들어진 것은 아주 오래전의 일입니다. 이 말이 나오는 가장 오래된 역사책은 『삼국유사』와 『제왕운기』 입니다.

1. 홍익인간의 유래

『삼국유사』는 고려 때인 1281년에 일연 스님이 만든 역사책이지요. 이 책에는 단군왕검이 고조선이라는 우리 민족 최초의 나라를 세운 이야기가 다음과 같이 실려 있습니다.

"지난 2천 년 전에 단군왕검께서 아사달에 도읍을 정하고 나라를 열어 그 이름을 조선이라 하시니, 바로 중국의 요임금과 같은 시대였다. 옛 기록에 이르기를 옛적에 환인의 환국이 있었다. 환인의 여러 아들 중 하나인 환웅이 자주 천하에 뜻을 두고 사람 세상을 탐하여 구하고자 하였다. 아버지 환인이 아들의 뜻을 알고 아래를 내려다보니 삼위와 태백산이 인간 세상을 널리 도를 넘치도록 이롭게 할 만해 홍익인간 : 弘益人間하였다. 이에 천부인 셋을 아들에게 주어 내려 보내 그곳을 다스리게 하였다.

환웅이 개척 요원 3천을 인솔하고 태백산 꼭대기 신단수 아래 내려가 이를 신시神市라고 하니 이 분을 환웅천왕이라 하였다. 환웅천왕께서 풍백·우사·운사(바람, 비, 구름을 다스리는 관리)를 거느리고 농사, 생명, 질병, 형벌, 선악 등 속세의 일 360여 가지를 주관하며 그들과 더불어 하늘의 이치에 따라 가르치고 다스렸다.

이때 곰 족이 호랑이 족과 같은 굴에서 함께 살았는데, 이들은 삼신상제님과 환웅님께 사람이 되게 해달라고 빌었다. 이에 환웅께서 쑥 한 묶음과 마늘 스무 매를 내려주시며 그들의 정신을 신령스럽게 하셨다. 환웅께서 이르시길 "너희가 이것을 먹으면서 100일 동안 햇빛을 보지 말고 기도하면 인간의 참 모습을 회복할 것이니라"라고 하셨다.

이에 곰 족과 호랑이 족이 환웅께서 주신 쑥과 마늘을 먹으면서 21일 동안 기도하니 곰 족은 여자의 몸이 되었으나 호랑이 족은 금기를 지키지 못하여 사람의 몸이 되지 못하였다. 곰 족 여인이 혼인할 곳이 없어 매일 신단수 아래 와서 아이를 갖게 해달라고 빌었다. 이에 환웅께서 곰 족 여인을 임시로 광명의 민족으로 받아들이시고 혼인하여 아들을 낳으시니 이름을 단군왕검이라 하였다.

단군왕검의 아버지는 환웅이고 어머니는 웅씨 왕의 따님이다. 재위 원년은 무진년(기원전 2333년, 단기 원년)이고 10월 3일에 삼신상제님께 천제를 지내셨다. 왕검은 환인과 환웅의 가르침을 받들고 하늘의 뜻을 계승하고 신시 법도를 되살리며, 송화강 아사달(중국 하얼빈)에 도읍을 정하여 나라 이름을 조선이라 하였다가 후에 백악산 아사달(중국 창춘)로 도읍을 옮겼으며 나라는 1908년 동안 지속되었다."

여기 실린 내용을 잘 살펴보면 환웅이 지상으로 내려와 세운 신시가 홍익인간을 실천한 장소라는 것을 알 수 있습니다. 풍백·우사·운사와 함께 농사, 생명, 질병, 형벌, 선악 등 다섯 가지 제도를 시행하고 인간 세상 360여 가지의 일을 주관하며 홍익인간을 실천한 것입니다.

홍익인간 이야기가 실린 또 하나의 옛 역사책이 있습니다. 이는 고려 시대인 1287년에 유학자 이승휴李承休가 쓴 『제왕운기』입니다. 이 책 중 '본기'에는 홍익인간에 대해 다음과 같이 쓰여 있습니다.

"'본기'에 말하기를 상제 환인에게 아들이 있었는데 웅이라 하였다. 환인이 웅에게 삼위태백으로 내려가 홍익인간하겠는가라고 말하였다. 이에 웅이 천부인 세 개를 받아서 3천 명의 귀鬼를 거느리고 태백산 정상에 내려왔다. 이 분이 환웅천왕이다. …… 환웅천왕이 손녀에게 명하여 사람의 몸을 이루고 단수신壇樹神과 혼인하여 남자 아이를 낳으니 이름이 단군이다. 그리하여 신라·고려·남북 옥저·동부여와 예맥은 모두 단군의 후예이다."

이 내용을 보면 '홍익인간'은 상제 환인이 갖고 있던 생각이자 지시 사항이었음을 알 수 있습니다. 환웅이 신단수 아래로 내려온 것은 아버지 환인의 명에 따라 홍익인간을 실천하기 위해서였을 것입니다. 또 그런 환인의 생각이 환웅 배달국와 함께 단군의 조선 건국으로 이어졌을 것입니다.

『환단고기』의 '단군세기'에는 홍익인간의 구체적인 내용이 다음과 같이 실려 있습니다.

"…… 스스로 노력하여 나를 알며, 나를 비우고 만물을 잘 생존하게 함으로써 능히 인간 세상을 복되게 할 따름입니다. 천신天神(하느님으로 환웅)을 대신하여 천하를 다스릴 때는 도道를 널리 인간에게 넘치게 하여 한 사람이라도 본성을 잃는 일이 없게 하며, 만왕萬王(우주 만물의 왕)을 대신하여 인간의 일을 주관하여 질병을 없애고 원망을 풀어주며, 비록 미물이라도 목숨을 함부로 해치는 일이 한 번도 없게 하고, 백성으로 하여금 망령된 마음을 고쳐야 함을 알게 하는 것이 곧 참된 것입니다.……"

홍익인간弘益人間의 유래는 『단군세기』에 구체적으로 설명이 되어 있습니다. 홍익인간은 "神市開天之道…① 弘道 ② 益衆…主 ③ 人間…朝有倧訓 野有佺戒…是爲居發桓也" 이상의 133자 중에서 ①·②·③의 네 글자, 弘益人間을 단어화한 말입니다.

이와 같은 여러 역사책에 나온 이야기를 종합하면 홍익인간은 고조선의 우주관, 윤리관, 가치관을 나타내는 말이고, '널리 인간 세상에 도를 넘치게 하여 널리 골고루 인간을 이롭게 한다'라는 말이며, 하늘과 땅을 모두 생명체로 보고 천지인天地人을 하나의 생명공동체로 바라보는 천지인 합일 사상으로 모든 생명을 사랑한다는 말이기도 합니다.

2. 홍익인간의 이념과 의의

[물음]
옛 문헌에 따른 홍익인간의 이념과 의의를 간추려 요약하면 어떤 내용일까요?

[답변]
첫째, 홍익인간이념은 건국 이념이며 통치 이념이고 정치 이념이며 교육 이념의 뿌리입니다. 대한민국 헌법의 전문前文에 '홍익인간'이라는 말 자체가 쓰여 있지는 않습니다. 하지만 그 글의 행과 행 사이에는 홍익인간정신이 깔려 있지요. 따라서 새로운 글로벌 시대에 맞게 경제를 다시 일으키려면 홍익인간이념을 기본으로 삼아야 합니다. 또 홍익인간이념을 21세기 정치 이념으로 승화시켜야 합니다.

둘째, 홍익인간은 인간의 행복을 중시하고 봉사하는 인본주의와 인류가 다 함께 발전하고자 하는 박애주의를 추구합니다. 그래서 인간의 자유와 존엄성을 거역하는 것은 용납하지 않지요. 또 홍익인간은 이기주의와 향락주의를 거부합니다.

셋째, 홍익인간은 자유에 최고의 가치를 둡니다. 단, 개인의 자유보다는 공동체를 우선합니다. '인간人間'이라는 말 자체가 사람[人]뿐만 아니라 하늘과 땅 사이[間]에 있는 사회와 공동체를 일컫는 대명사입니다. 남을 배려하는 공감과 남을 이롭게 하려는 이타심을 가진 공동체를 말합니다.

넷째, 홍익인간은 다 같이 서로 발전하는 사회를 지향합니다. 이득 보는 사람과 손해 보는 사람으로 나뉘는 것이 아니지요. 그래서 자유주의, 평화주의, 공동체주의를 추구합니다.

다섯째, 홍익인간은 소통과 통합의 사회를 의미합니다. 부익부 빈익빈의 양극화나 갑과 을의 대립이 없는 사회, 지식·인정·물자·정보 등이 막힘이 없는 사회를 말하는 것입니다.

여섯째, 홍익인간은 천지인天地人의 조화를 바탕으로 삼습니다. 이는 통치자나 국가 권력이 국민 행복을 위해 실천해야 할 정치 기능이나 역할 등에 필요합니다. 부국강병이나 국민 안전 같은 목표도 천지인 조화에 바탕을 두어야 하는 것입니다.

일곱째, 홍익인간은 공동체의 안녕과 번영을 위한 윤리 규범을 제시합니다. 여기서 중요한 것은 선공후사先公後私, 즉 공적인 일을 우선하고 사적인 일은 뒤로 미루는 정신입니다.

여덟째, 홍익인간은 '널리 인간 세상에 도道를 넘치게 하여 골고루 인간을 이롭게 하는 것'입니다. 다른 사람에게 이익을 주려면 적어도 남에게 해를 주어서는 안 되며 해를 주지 않는 사람이 되어야 합니다.

아홉째, 홍익인간은 물이 흐르듯 자연스럽고 자발적인 생산과 교역 활동을 할 것을 주장합니다.

열 번째, 일하는 것이야말로 최고의 복지입니다. 사람은 각자의 소질이나 분야 및 추구하는 가치가 다른 만큼 각자 일의 가치를 깨달아 일하는 것이야말로 가난에서 벗어나고 국부를 증진시키는 최선의 방법입니다. 따라서 사람들이 그렇게 일을 할 수 있도록 독려하고 그런 일자리를 창출하는 것이 중요합니다. 노동의 신성함, 자기책임의

> 원칙, 근면과 성실, 다양성 하에서 자신과 가족의 건강, 부 및 행복을 추구하고 이웃을 돌보는 것이 나라를 위대하게 만들 것입니다.

위와 같이 정리해본 결과 홍익인간은 우리의 인문학의 출발점이 될 뿐만 아니라 현대 사회가 안고 있는 과제들을 해결하기 위한 방향과 방법도 제시하고 있음을 알 수 있습니다. 홍익인간은 우리 한민족의 역사와 함께해온 이념입니다. 하지만 그 지향하는 이념은 인류 모두에게 공통적으로 적용되는 가치라 할 수 있습니다. 공동선과 정의를 확립하고 인간 소외를 극복하며 평화롭고 창의적인 인류 공동의 과제와 관련하여 홍익인간사상이 재해석되고 드러낼 가치가 있습니다.

고조선의 건국 이념이기도 했던 홍익인간사상은 『삼국유사』와 『제왕운기』 이후 우리 민족의 역사에서 자취를 감췄습니다. 고려에서 금속활자로 대량으로 인쇄한 역사책과 경전 등을 중국, 일본 같은 외세에 빼앗기거나 그들의 침략으로 없어지고 왜곡되거나 위조되었기 때문입니다.

이런 홍익인간이념이 다시 역사에 등장한 것은 1919년 3·1 만세운동 이후입니다. 사상적으로, 계급적으로 분열된 민족 사회를 하나로 뭉치게 하기 위한 한국민족주의가 검토되면서부터였지요. 1945년 해방이 된 이후 홍익인간이념은 대한민국 정부의 교육 기본 이념으로 자리 잡게 되었습니다.

3. 대한민국 교육 이념으로서의 홍익인간

홍익인간이 대한민국의 교육 이념으로 제정된 것에는 두 가지 의미가 있습니다. 우선 홍익인간 하는 덕성과 능력을 갖춘 사람을 교육을 통해 키워내겠다는 의지를 담은 것입니다. 또 교육 사업 자체가 홍익인간 하는 최고의 활동이라고 정한 것입니다.

당시 홍익인간이념을 교육 이념으로 채택한 동기에 대해 문교부(지금의 교육부)에서는 다음과 같이 정리했습니다.

① 홍익인간이념은 우리 역사가 시작된 이래 우리 민족이 간직하여 내려온 민족정신이다. 홍익인간은 우리나라 건국 이념이기는 하나 결코 편협하고 고루한 민족주의 이념의 표현이 아니다. 인류가 함께 번영한다는 뜻으로 자유민주주의의 기본 정신과 부합되는 이념이다. 홍익인간은 우리 민족정신의 핵심이며 한편으로는 기독교의 박애 정신, 유

교의 인드, 불교의 자비심과도 서로 통하는 전 인류의 이상이기 때문이다.

② 교육의 근본인 인격의 완성은 시간과 공간을 뛰어넘어 추상적 인격이 아니라 자유민주국가 발전에 봉사할 수 있는 인격을 뜻한다. 우리나라 교육이 추구하는 인격은 홍익인간이념에 입각하여 자유민주국가 발전에 봉사하며 인류가 함께 번영하는 이상 실현에 기여할 수 있는 현실적 능력과 자질을 갖춘 애국적이며 자유민주적인 실천적 인간을 의미한다.

③ 자주적 생활 능력과 공민(국가의 구성원으로서 그 나라 헌법에서 정하는 권리와 의무를 가지는 자유민)으로서의 자질은 우리나라 교육의 근본 목적을 달성하는 두 개의 큰 지주로서 나눌 수 없는 관계에 있다. 국민 각자가 자유와 행복을 누리면서 자주적으로 국가 발전에 협조·봉사해야 개인과 국가가 조화롭게 발전할 수 있다. 그러므로 자주적 생활 능력을 기르는 것은 우리 교육이 항상 추구해야 할 기본 과제인 동시에 가장 긴급하고 중요한 교육 목표 중의 하나이다. 자주적 생활 능력이 개인의 자유롭고 행복한 생활

을 보장하고 자유민주국가 발전에 현명하게 기여하기 위해서는 국민 각자가 공민으로서의 자질을 갖추어야 한다. 즉, 자주적인 생활 능력을 가진 자가 공민으로서의 권리와 의무를 현명하게 행사함으로써 개인과 국가가 조화롭게 함께 살아가고 함께 번영할 수 있다.

④ 홍익인간이념에 바탕을 두어 자주적인 생활 능력과 공민으로서의 자질을 갖춘 인격을 길러내는 것은 궁극적으로 자유민주국가 발전에 봉사하기 위한 것이다. 따라서 우리나라 교육의 근본 목표는 국민 모두가 자유민주국가 발전에 현명하게 봉사할 수 있도록 이끌어가는 데 있다.

⑤ 인류가 함께 번영하는 이상을 실현하기 위해서는 우선 모든 인간이 각자가 속해 있는 민족이나 국가를 자유민주적으로 발전시키는 데 봉사해야 한다. 자유민주국가에 있어서 자기의 민족이나 국가를 전 인류의 우위에 놓으려는 편협한 배타주의 민족 사상은 용납되지 않는다. 그러므로 인류가 함께 번영하는 것의 궁극적인 목표 실현은 먼저 각 민족과 국가가 그들 자신의 자유민주적 번영을 성실히 추구함으로써 가능한 것이다.

4. '교육법'에 담긴 홍익인간이념

[물음]
우리 시대에 걸맞게 설정된 교육 목표는 무엇일까요?

[답변]
1. 대한민국 국민으로서 민주 사상의 근본인 인간의 가치를 최고로 인정하고 그 존엄성을 자각하여 인간 행복을 달성하는 자유인이 되는 것, 2. 행복한 사회생활을 영위할 수 있는 개인으로서 학행일치學行一致(배운 것과 행동을 같게 하는 것)하는 자활 능력을 가진 사람이 되는 것, 3. 민주 세계의 일원으로서 세계 평화에 기여할 수 있는 문화인이 되는 것입니다.

'교육법'에는 우리나라의 교육 목적이 담겨 있습니다. 교육법 제1조에 "교육은 홍익인간의 이념 아래 모든 국민으로 하여금 인격을 완성하고 자주적 생활 능력과 공민으로서의 자질을 갖추게 하여 민주국가 발전에 봉사하며 인류 공영의 이상 실현에 기여하게 함을 목적으로 한다"라고 쓰여 있습니다. 홍익인간이 국민교육의 기본 이념으로 설정되어 있는 것입니다. 즉, 홍익인간이념 아래 자유민주적인 사회 개조를 위한 자주적 인간, 빈곤을 극복하고 경제적 자립을 할 수 있는 생산적 인간, 생활의 합리화와 문화 수준의 향상을 위한 과학적 인간, 민족의 독립과 인류의 평화를 위한 평화적 인간을 길러내는 데 교육의 목표를 두고 있습니다.

이와 같은 교육 목적을 달성하기 위하여 교육법 제2조에서는 다음과 같은 일곱 개의 구체적인 교육 방침을 정했습니다.

첫째는 "신체의 건전한 발육과 유지에 필요한 지식과 습성을 기르며 아울러 견인불발堅忍不拔(굳게 참고 견뎌서 마음이 흔들리지 않음)의 기백을 기른다"라는 것입니다. 건강은 행복의 근원입니다. 자유민주국가의 교육 목적은 국민 각자의 번영을 추구하는 데 있습니다. 그러므로 모든 국민이 신체의 건전한 발육과 유지에 필요한 지식과 습성을 갖도록 하는 것이 우리 교육 활동의 중요한 목표입니다. 사람의 건강은 몸과 마음의 조화로운 발달에 의해 가능합니다. 그러므로 건전한 육체를 가꾸고 정신을 기르는 데 힘써야 합니다.

둘째는 "우국애족의 정신을 길러 국가의 자주 독립을 유지, 발전하게 하고 나아가 인류 평화 건설에 기여하게 한다"입니다. 모든 국민이 나라와 겨레를 사랑하는 마음을 갖게 해야 합니다.

또 교육 활동은 우리나라의 독립을 지키고 나라의 번영을 보장하는 터전이 되어야 합니다. 그러므로 모든 교육 활동은 애국 애족 정신과 민족의 독립과 발전에 대한 책임 의식을 기르도록 해야 합니다. 그래서 국민 스스로 국가와 민족에 봉사하는 희생적 정신을 기르도록 힘써야 합니다.

그러나 애국애족 정신이 배타적 민족주의로 잘못 받아들여져서는 안 됩니다. 우리의 애국애족 정신이 인류 평화 건설에 기여할 수 있어야 합니다. 배타적 민족주의는 국제 평화를 혼란에 빠지게 하는 것은 물론 그 민족을 국제적으로 고립되게 합니다. 그래서 오히려 외국의 간섭을 불러들이게 됩니다. 이는 역사 속에서 우리가 얻은 교훈입니다. 이에 비추어 국민 교육의 모든 측면에서 정의와 인간 도리에 바탕을 둔 국제적 협력을 강조해야 합니다.

셋째는 "민족의 고유문화를 계승, 앙양하며 세계 문화의 창조 · 발전에 공헌하게 한다"라는 것입니다. 문화는 민족이나 국가 생활을 터전삼아 구체적으로 표현됩니다. 그러므로 우리는 우리 민족이 발전시켜온 문화를 계승하고 발전시키지 않으면 안 됩니다. 그래서 교육법에서는 민족 문화를 계승하고 발전시킬 것을 밝히고 있습니다. 뿐만 아니라 더 나아가 우리의 민족 문화가 세계 문화의 창조 발전에 공헌해야 한다고 강조한 것입니다.

넷째는 "진리 탐구의 정신과 과학적 사고력을 배양하여 창의 활동과 합리적 생활을 하게 한다"입니다. 과학의 성과를 실생활에 효과적으로 적용시켜야 국민 생활이 발전할 수 있습니다. 그러므로 모든 교육 활동은 사실에 바탕을 둔 과학적 사고와 생활 태도를 기르는 데 힘을 쏟아야 합니다. 이런 생활 태도는 진리를 사랑하고 탐구하면서 이를 바탕으로 각자의 모든 행동을 규율하는 데까지 발전되어야 합니다.

다섯째는 "자유를 사랑하고 책임을 존중하며 신의와 협동과 경애의 정신으로 조화 있는 사회생활을 하게 한다"라는 것입니다. 자유민주국가의 근본이 되는 강령은 국민 각자의 자유로운 사상과 행동을 최대한 보장하는 것입니다. 개인의 자유는 안전한 사회 질서의 상태에서만 누릴 수 있습니다. 그래서 모든 개인은 사회 질서를 유지하고 발전시키는 데 협력할 책임이 있습니다.

자유와 책임은 서로 뗄 수 없는 관계에 있습니다. 자유민주사회에서는 권리와 의무가 서로 균형 있게 조화되어야 합니다. 권리만 주장하고 의무를 소홀히 하면 사회 질서가 깨지고 사회가 혼란스러워집니다. 반면에 의무만 강요하고 개인의 권리를 억압하면 전제주의 국가로 떨어지게 됩니다. 그러므로 민주 사회를 유지하고 발전시키려면 구성원의 교양과 자발적 협력이 필요합니다.

가장 기본이 되는 교육 방향은, 국민 각자가 서로의 인격과 자유를 존중하고 각자 맡은 바 책임을 완수하면서 나라와 사회의 발전을 위해 협동하여 일할 수 있는 인간을 만드는 것입니다. 신의와 협동은 자유민주사회를 유지하는 데 필수적인, 시민 정신의 핵심입니다. 그래서 모든 교육 활동을 통해서 신의를 지키고 스스로 사회 발전에 참여하는 협동과 봉사 정신이 몸에 배게 해야 합니다.

여섯째는 "미적 정서를 함양하여 숭고한 예술을 감상, 창작하고 자연의 미를 즐기며 여가의 시간을 유효히 사용하여 화락명랑한 생활을 하게 한다"입니다. 인간 생활을 풍부하고 윤택하게 하려면 아름다움을 추구하는 정서를 길러야 합니다. 이 심미적 정서를 기르는 것은 숭고한 예술을 감상하고 창작하며 자연의 아름다움을 즐기는 가운데 이루어집니다. 그런데 이런 정서 생활은 보통 여가 시간에 이뤄집니다. 그래서 여가를 현명하게 사용하는 것은 각자의 생활에 커다란 영향을 미칩니다.

인간의 참된 행복은 조화로운 정서 생활을 이어가는 가운데서 얻을 수 있습니다. 국민 각자가 시간을 현명하게 활용함으로써 정신적인 풍요를 얻으면 국민 생활의 향상과 발전이 가능해집니다. 그러므로 자연과 친근감을 갖고 숭고한 예술 작품을 감상하게 하여 각자의 여유 시간을 취미와 개성을 발전시키는 데에 활용하는 습성을 길러야 합니다.

일곱째는 "근검노작하고 무실역행하며 유능한 생산자요, 현명한 소비자가 되어 건실한 경제생활을 하게 한다"라는 것입니다. 근검노작勤儉勞作은 부지런하고 검소하며 힘을 기울여 일한다는 뜻이고 무실역행務實力行은 참되고 실속 있도록 힘써 실행한다는 뜻입니다. 우리나라가 자주 독립의 자유민주국가로 오래도록 번영하기 위해서는 국민 생활의 기초인 경제의 자주 독립이 이뤄져야 합니다. 개인 생활도 경제적으로 궁핍하면 자주성을 잃어버리기 쉽습니다. 따라서 모든 교육 활동을 통해 건실한 경제생활을 이어갈 수 있는 정신, 지식, 기능 및 태도를 기르도록 노력해야 합니다. 건실한 경제생활은 근검노작과 무실역행에서 시작됩니다. 그러므로 교육의 전 과정에서 근검절약과 정직한 생활 태도를 길러야 합니다. 이런 기본적 태도에 바탕을 두고 모든 경제 활동을 현명하게 참여하는 능력을 키우는 것이 우리 교육 앞에 놓인 가장 중요한 과제입니다.

이렇게 교육 부문에서 홍익인간이념을 실현하기 위하여 제시한 일곱 가지 교육 방법은 우리 민족뿐만 아니라 인류 문화가 함께 발전하는 데 기여할 수 있는 인류 보편적 이상입니다. 이러한 교육의 기본 방침은 학교와 기타 교육을 위한 시설에서만이 아니라 정치·경제·사회·문화의 모든 영역에서도 항상 실시되어야 한다고 규정되어 있습니다.

홍익인간이념은 우리나라의 인적 자본을 축적하는 데 많은 영향을 미쳤습니다. 역사적 경험에 의하면 경제 발전은 인적 자본과 매우 밀접한 관련이 있습니다. 우리나라의 인적 자본 축적은 다른 어느 나라보다 잘 이루어져 있고 덕분에 성공적인 경제 발전을 이뤄낼 수 있었습니다.

홍익인간이념은 우리 민족의 이상을 가장 잘 나타낸 민족정신입니다. 홍익인간은 널리 인간 세상에 도道를 넘치게 하여 골고루 인간을 이롭게 한다는 것입니다. 이를 위해서는 우리 모두가 완전한 인간이 되어야 하는 것이지요. 내가 다른 사람을 유리하게 하려면 최소한 해를 끼쳐서는 안 됩니다. 남에게 해를 끼치는 사람이 되지 않으려면 풍부한 지식을 가지고 정신과 신체가 모두 건강해야 합니다. 우리가 교육을 받는 것도 남에게 해를 끼치지 않는 사람이 되기 위함이지요.

홍익인간하는 교육에 대한 얘기들이 다소 뜬구름 잡는, 원시

시대에나 가능했을 너무 이상적인 얘기로 들릴 수도 있습니다. 그러나 원시시대나 현대나 구성원들이 행복하고 풍요로운 삶을 누리기 위해서는 홍익인간이념이 공통적으로 적용되어야 한다는 데는 변함이 없습니다. 어떤 의미에서 이렇게 주장할 수 있는 걸까요?

사람에게 가장 중요한 것은 개인의 권리입니다. 모든 사람은 각자가 삶의 주인입니다. 그래서 다른 사람의 권리를 침해하지 않는 한 자신이 선택한 방식대로 자기 삶을 살아갈 권리가 있습니다. 개인의 자유가 보장된 사회에서는 올바른 정신을 가지고 개인이 다른 사람을 위해서가 아니라 자기 이익을 위해 경제 행위를 하더라도 자신은 물론 남과 사회를 위한 결과를 낳게 됩니다. 모든 사람이 올바르게 혼과 열정을 바쳐 사명감을 가지고 자신의 일을 완벽하게 하려고 노력하기 때문입니다.

인간의 본성 중 가장 기본적인 것은 자기 자신을 사랑하고 자기에게 이익이 되는 일을 하려는 마음입니다. 이런 본성을 무시하거나 못 하게 하면 행동의 동기가 사라져서 경제활동이 위축됩니다. 그래서 자기 이익을 막는 것보다 그것을 인정하고 남에게 피해를 끼치지 않도록 도덕적 제약을 가하는 것이 더 합리적이지요. 이런 면에서 홍익인간사상은 자본주의 시장경제와 잘 어울린다고 할 수 있습니다.

우리나라가 국가적·사회적·시대적 요청에 걸맞게 설정한 교육 목표는 다음과 같습니다.

첫째, 대한민국 국민으로서 민주 사상의 근본인 인간의 가치를 최고로 인정하고 그 존엄성을 자각하여 인간 행복을 달성하는 자유인이 되는 것입니다. 둘째, 행복한 사회생활을 영위할 수 있는 개인으로서 학행일치하는 자활 능력을 가진 사람이 되는 것입니다. 경제적 자립을 하려면 지식과 기술을 익혀야 합니다. 셋째, 자유민주 세계의 일원으로서 세계 평화에 기여할 수 있는 문화인이 되는 것입니다.

이 목표들을 이루기 위해 인격 교육, 기술 교육, 국방 교육, 지식 교육을 철저히 하는 것이 우리나라의 교육 방침입니다.

5. 홍익인간의 현대적 가치

홍익인간이념의 핵심은 인본주의입니다. 이 인본주의의 방향은 세상의 모든 문명이 인간의 행복을 위해 존재해야 한다는 인간 중심 사상으로 통합니다. 또 이웃과 공동체의 행복에 기여하는 삶이 바람직한 삶이라는 공동체주의이며, 죽은 다음 세상이 아닌, 현재 우리가 살고 있는 현세에서의 행복을 추구하는 현세주의를 향하기도 합니다.

홍익인간사상은 인간의 존엄성과 행복 등을 방해하는 모든 것에 대해 반대하는 속성을 지녔습니다. 독재와 전체주의에 대해서는 민본주의와 자유민주주의로, 물질만능주의에 대해서는 인간주의와 인격주의로 대비합니다. 전쟁과 폭력에 대해서는 평화와 안전으로, 비능률과 불합리성으로 사회의 활력을 떨어뜨리는 것에 대해서는 능률과 합리성을 향한 혁신으로, 불공정과 불평등에 대해서는 공정과 평등으로 대비합니다. 또 불의와 태만에 대해서는 정의와 근면으로, 분열과 불화에 대해서는 단결과 화합으로, 외세의 침략과 간섭에 대해서는 자주 독립으로 대비하는 것이 홍익인간사상입니다.

우리가 살고 있는 사회는 서로 복잡하게 얽혀 있습니다. 혼자만 잘 살 수 있는 것이 아니라 함께 어울려 살아가야 합니다. 따라서 현대 사회와 같이 복잡하고 인간 사이의 관계가 세밀하게 얽혀 있을수록 홍익인간의 윤리 이념을 근본적 가치 체계로 삼아야 합니다. 홍익인간은 인간 공동체를 행복하게 하는가를 판단과 평가의 기준으로 삼습니다.

홍익인간이념은 자신의 몫이나 권리를 얻어내려는 이기적 태도를 넘어서 공감하고 협동하는 상태는 물론 적극적으로 공유하여 이웃과 공동체의 행복을 위해 봉사하고 헌신하는 삶을 권유합니다. 따라서 통치자와 국민이 각자의 본분에 걸맞은 역할을 최대한 펼쳐 인간의 번영과 행복을 구현하는 것입니다.

홍익인간이념은 사회 통합을 위해서도 무척 유용합니다. 사회 통합이 되려면 공통적인 정체성이 있어야 합니다. 공통적 꿈과 비전, 공동 가치와 목표가 공유되면 공동 의식이 강해집니다. 공동 의식이 강하면 갈등의 소지가 있어도 서로 양보하고 절제하게 됩니다. 그러면 통합으로 나아가 대립과 갈등이 완화될 수 있지요.

우리나라의 공통적 정체성의 기초는 헌법적 가치를 바탕으로 한 "우리는 대한민국 국민이다"라는 국민적 정체성에서 찾을 수 있습니다. 공통적 정체성은 우리 민족 구성원이 공유하는 역사와 전통 유산에 기초해야 합니다. 우리나라의 헌법 전문前文에는 자유민주주의와 시장경제가 공통적 정체성으로 제시되어 있습니다. 뿐만 아니라 자유민주주의보다 훨씬 위의 개념인 홍익인간정신과 이념이 헌법에 녹아 있습니다. 홍익인간은 통합으로 나아가는 정책과 실천 계획을 만드는 데 유용한 지침이 됩니다. 홍익인간은 개인자유주의보다 공동체주의를 우선시합니다. 하지만 홍익인간의 공동체주의는 개인의 창의성을 존중합니다. 그런 면에서 전체주의나 획일적인 평등주의와 다릅니다.

홍익인간이념은 자조와 상생 정신과도 이어집니다. 누가 물을 떠서 나눠주거나 베푸는 구조가 아니라 스스로 열심히 노력하면 사람이나 기업이나 모두 발전할 수 있다는 것입니다. 또 경제성장으로 커지고 많아진 열매를 구성원들에게 혜택으로 돌아가게 합니다. 그래서 그들의 복지나 행복에 기여하게 되지요.

또 홍익인간은 사람과 사람 사이에 정신·지식·인정·일자리·정보·재물 등이 물처럼 넘쳐흐르도록 하여 서로 잘 사는 풍요로운 공동체를 만드는 데 크게 기여합니다. 홍익인간의 기본 틀은 우물이 넘쳐 그 유역에서 혜택을 받는 것입니다. 그러므로 성장을 통해 생산이 확대되고 생산에 기여한 몫에 따라 공정한 분배가 이루어져 지속적으로 사회 통합을 가져올 수 있습니다. 그런 의미에서 홍익인간은 복지와 분배, 그리고 시장과 평등의 문제를 동시에 충족시키면서 그 효율성을 달성할 수 있는 경제 정책의 기본 이념이 될 수 있습니다.

제3장 홍익인간과 경제

1. 경제 발전과 홍익인간

[물음]
홍익인간은 어떤 존재여야 할까요?

[답변]
홍익인간은 공공적 이익에 헌신하는 전략가이고 전문가이며 실천하는 지성인입니다. 이를 현대 경제 사회에 적용해보면 지식·인정·일자리·정보·재물 등의 원활한 소통과 통합을 추구하여 공동체의 가치를 거스르지 않는 인간과 법인을 의미합니다. 그렇게 하여 지식·정신·인정·일자리·정보·재물 등이 물처럼 넘쳐흘러 빈익빈 부익부의 양극화나 갑과 을의 대립이 없는 사회를 만들 수 있는 구성원을 말합니다.

우리나라의 경제가 지속적으로 성장하게 하려면 건전한 기업가정신이 반드시 있어야 합니다. 또 우리나라에서 일자리를 많이 만들기 위해서는 국가 경쟁력을 높여야 합니다. 그런데 국가 경쟁력을 높이기 위해서는 잘못을 남의 탓으로 돌리지 말고 자기 탓으로 돌려 자신과의 싸움에서 이겨내는 생활신조를 갖는 것이 중요합니다. 선진 강대국들도 나라가 어려워지면 그 상황을 극복하기 위해 국민들의 애국심, 근면, 자조, 정직, 의무, 협동, 통합 등의 건전한 생활신조를 되살리려고 노력했습니다. 우리도 홍익인간정신을 현대에 되살리면 지식, 정보, 일자리, 재물을 증진시켜서 풍요로운 사회를 만들 수 있습니다.

자본주의의 발전 원리는 경제적 차별화입니다. 이런 방향으로 정책이 이뤄져야 풍요한 부를 이끌어낼 수 있습니다. 경제적 차별화는 경제적으로 얼마나 기여했느냐에 따라 보상이 주어지는 것을 말합니다. 시장은 잘 되는 경제주체를 선택하고 지원하는 경제적 차별화 장치입니다. 즉, 시장은 스스로 노력하는 자만을 도와 모두를 돕도록 동기를 부여하는 장치입니다. 스스로 노력하여 자신도 잘 되고 주변의 모두를 돕겠다는 것이 바로 홍익인간정신이지요. 홍익인간정신을 어떻게 경제 요소에 반영할 수 있을까요?

현대 철학이 풀어야 할 가장 중요한 과제 중 하나는 생존 경쟁에서 생겨나는 문제를 해결하는 것입니다. 인간이 사느냐 죽느냐의 생존 경쟁에서 선택할 수 있는 삶의 모형은 네 가지입니다. 즉, '나 살고 너 죽고' '나 살고 너 살고' '나 죽고 너 죽고' '나 죽고 너 살고'의 모형입니다. 이 가운데 공생, 즉 함께 산다는 것은 당연히 '나 살고 너 살고'의 모형입니다. 이 모형을 실천할 수 있는 구체적인 방법을 찾는 것이 무엇보다 중요합니다.

2. 부등식으로 나타낸 홍익인간상

[물음]
부등식으로 홍익인간을 나타낸다면 어떻게 표현할 수 있을까요?

[답변]
부등식으로 나타낸 홍익인간은 다음과 같습니다.

재화나 서비스의 가치(V) ≥ 재화나 서비스 가격(P) 혹은
순가치(V − P) ≥ 0
재화나 서비스 가격(P) ≥ 재화나 서비스 단위당 생산비(C) 혹은
(P − C) ≥ 0
재화나 서비스 가치(V) ≥ 재화나 서비스 가격(P) ≥ 재화나 서비스 단위비용(C)

소비자가 가격을 지불할 생각이 있는 서비스의 가치(V)는 재화나 서비스의 가격(P)보다 작지 않아야 하고, 재화나 서비스의 가격이 재화나 서비스의 단위 생산비(C)보다 작지 않아야 합니다. 이것이 소비자는 (V − P)를 얻고 생산자는 (P − C)를 얻는 공생의 삶을 실현하기 위한 필요조건입니다. 이런 공생의 삶을 추구하기 위한 조건이 홍익인간이념이며 그래서 이 식을 '홍익(인간)부등식' 이라 부를 수 있습니다.

나도 잘 살고 너도 잘 살게 되어 모든 인간에게 크게 이익이 넘쳐흐르게 하는 것이 바로 홍익인간입니다. 이 홍익인간상을 경제적 관점에서 설명하기 위해 부등식을 만들었습니다. 어느 쪽이 더 크다는 부등호만 알면 이해할 수 있도록 차근차근 설명해보겠습니다.

시장경제 체제에서 '나 살고 너 살고'의 기본은 거래입니다. 시장에서는 이것이 조정되는 것이지요. 이 부등식은 시장에서 재화와 서비스의 교환을 가능하게 하는 일반적인 필요조건에 대한 사항으로부터 시작됩니다.

소비자는 재화와 서비스의 가치(V)가 지불해야 할 가격(P)보다 적지 않다고 느끼면 그 상품을 구입합니다. 이를 식으로 표현하면 다음과 같습니다.

① 재화나 서비스의 가치(V) ≥ 재화나 서비스 가격(P) 혹은 순가치(V − P) ≥ 0

이 식을 ①이라 부르겠습니다. 식 ①을 만족시키면 생산자(기업)는 소비자에게 [V(가치) − P(가격)] 만큼의 순가치를 주는 것입니다. 재화나 서비스의 경쟁력은 (V − P)로 나타낼 수 있습니다. 생산자가 경쟁력 있는 재화나 서비스를 시장에 공급하려면 제품의 가치를 높이고 가능한 한 가격은 낮추어야 합니다. 생산자가 소비자에게 기여한 순가치가 영^{0}인 생산자는 겨우 살아남을 수는 있지만 큰 발전은 기대할 수 없을 것입니다.

생산자의 입장에서는 재화나 서비스의 가격(P)이 생산비용보다 적지 않아야 합니다. 그래야 생산자가 생존할 수 있습니다. 물론 단기적으로 손해가 날 수 있습니다. 하지만 그 상황이 계속되면 곤란합니다. 장기적으로 가격은 단위비용보다 적지 않아야 합니다. 이를 식으로 표현해보겠습니다.

② 재화나 서비스 가격(P) ≥ 재화나 서비스 단위당 생산비(C)
　혹은 (P − C) ≥ 0

이 식을 ②라 부르겠습니다. 식 ②가 성립되면 생산자(공급자)는 손해를 보지 않게 되어 살아남을 수 있습니다. 그러면 생산자는 식 ①로 나타낸 (V − P)만큼 소비자에게 주고 (P − C)만큼을 받는 관계를 만들 수 있습니다. 식 ①과 식 ②에서 ③이라는 새로운 식을 다음과 만들어낼 수 있습니다.

③ 재화나 서비스 가치(V) ≥ 재화나 서비스 가격(P) ≥ 재화나 서비스 단위비용(C)

식 ③은 소비자가 가격을 지불할 생각이 있는 서비스의 가치(V)는 재화나 서비스의 가격(P)보다 작지 않아야 하고, 재화나 서비스의 가격이 재화나 서비스의 단위 생산비(C)보다 작지 않아야 한다는 것을 나타냅니다. 이것이 소비자는 (V − P)를 얻고 생산자는 (P − C)를 얻는 공생의 삶을 실현하기 위한 필요조건입니다. 이 공생의 개념은 나만의 이익을 추구하며 살아가는 삶과는 커다란 차이가 있지요. 이런 공생의 삶을 추구하기 위한 조건이 바로 홍익인간이념이며 그래서 이 식을 '홍익(인간)부등식'이라 부를 수 있습니다.

이는 시장에서 거래되는 재화나 서비스뿐만 아니라 인간과 조직 및 국가에도 그대로 적용될 수 있습니다. 사람의 가치가 그의 가격, 즉 일당이나 봉급 혹은 연봉보다 작지 않으면 누구든 그 사람을 필요로 하여 고용할 것입니다. 또 사람의 가격이 스스로 생계를 유지하는 비용보다 작지 않으면 지속적으로 풍요로운 생활을 할 수 있습니다. 또한 그를 키우는 비용보다 그가 받는 평생 소득이 더 많다면 그는 사회에 기여하는 것이 됩니다. 가치 있는 인생이 되는 것이지요.

이 홍익부등식을 충족시키지 못하면 생산자(기업)는 망하고 개인은 존재 가치를 인정받지 못할 것입니다. 홍익부등식 오른쪽 항의 부등식 '재화나 서비스 가격(P) ≥ 재화나 서비스 단위비용(C)'을 실현하기 위해서는 비용을 최소화하려는 근검절약의 노력이 필요합니다.

사람은 나 혼자 혹은 우리 가족만을 위해 일하는 것이 아니라 '나도 살고 너도 살자'라는 생각으로 최선을 다해 열심히 일하면 그 가치가 올라가게 되어 있습니다. 그러면 사람의 가치가 높아져 일자리도 쉽게 얻을 수 있고 일에 대한 대가도 많이 받게 됩니다. 그런 사람의 인생은 자신에게도 사회에게도 가치 있고 보람 있는 인생이 됩니다. 또 삶의 보람이 충만한 개인은 더 창조적인 삶을 살게 됩니다.

기업도 마찬가지입니다. '나도 살고 너도 살자'라는 식으로 기업을 경영해야 기업의 생명력이 길어지고, 이 과정에서 사회적 책임을 다하게 되므로 존경받는 창조적 기업이 될 수 있습니다. 최근에는 기업들이 사회적 책임을 다하는 것을 넘어 사회와 공유 가치를 만들어내는 시대로 접어들었습니다. 공유 가치 창출은 기업이 가진 전문성으로 사회에 필요한 가치를 만들어내고 이는 다시 기업의 수익 증대로 이어집니다. 이런 경영 활동으로 기업의 이익과 사회적 이익을 동시에 추구할 수 있습니다. 이로써 경제적 가치와 사회적 가치를 조화시켜 기업과 공동체가 함께 발전할 수 있는 가치를 만들어내는 것입니다.

3. 홍익인간 재세이화와 시장경제

'홍익인간 재세이화弘益人間 在世理化'는 고조선의 건국 이념이었습니다. 홍익인간은 알려진 바와 달리 '널리 인간 세상에 도道를 넘치게 하여 골고루 인간을 이롭게 한다'라는 뜻이고 그와 짝을 이루는 재세이화는 '세상에 있으면서 다스려 교화시킨다'라는 말입니다. 세상을 다스리려면 우선 제도가 있어야 합니다. 제도는 사람들의 생각과 행동을 바꿉니다. 또 제도가 바뀌면 사람들의 생각과 행동도 변합니다.

자유 없이는 정치든 경제든 발전을 기대할 수 없습니다. 정치적으로 인권의 존엄성은 자유의 가치가 커지면서 인정되기 시작했습니다. 자유는 경제 발전에 결정적인 역할을 했습니다. 인류가 급속한 경제 발전을 이룩한 시기인 18세기부터 발전의 원동력이 된 것은 자유와 공동체 의식이었습니다.

자유는 창의성을 이끌어내서 신제품을 만들게 하고 이는 다시 상품 수요를 일으키면서 경제 발전으로 이어졌습니다. 선진국에서는 지난 250년 가까이 개인의 자유가 커지고 이것이 창의성을 이끌어냈습니다. 그런데 이런 발전은 모두 공동체를 훼손하지 않는 범위 안에서 자유를 추구한 결과이지요. 공동체 또한 개인의 자유를 위축시키지 않고 오히려 개인의 자유를 키워가며 함께 발전했습니다.

공동체 의식은 건전한 사회 발전을 이루게 하는 요인이 됩니다. 결국 개인과 공동체가 더불어 발전하는 것이 건전한 경제 사회 발전의 가장 핵심입니다. 개인의 자유가 지나치면 책임이 함께 따르지 않는 자유방임주의가 되거나 과잉이기주의로 변합니다. 그래서 오늘날 우리 사회같이 대립과 갈등을 일으키는 요인이 되는 것이지요. 따라서 상생모형의 기본은 공동체 의식을 발판으로 삼은 개인의 자유 추구여야 합니다.

한 나라가 지속적으로 발전하기 위해서는 사적 이익의 추구와 공공 이익에의 헌신 사이에 적절한 균형을 유지할 필요가 있습니다. 모든 국민이 편안하고 행복하게 살려면 경제뿐만 아니라 정치·사회·문화의 선진화가 같이 이루어져야 합니다. 그러려면 질 높은 국가 지도력이 있어야 함은 물론 국민 의식과 제도가

동시에 선진화되어야 합니다. 정치인은 솔선수범하여 공익을 우선으로 하고 품격과 절제된 언어를 사용하며 겸손한 자세를 갖추어야 합니다. 또 세계화와 정보화 시대의 흐름을 볼 줄 아는 통찰력과 국민에 대한 봉사 정신도 지녀야 합니다. 사회적으로는 공중도덕이 잘 지켜지고 법치가 제대로 이뤄져 질서가 바로 서야 합니다.

4. 상생 발전을 위한 홍익인간이념

사회가 복잡해질수록 제대로 된 분업 질서가 필요합니다. 각자가 하는 일이 다른 사람에게 피해를 주지 않고 생산적이고 이로운 일이 되도록 자기 맡은 일에 대하여 최선을 다하는 자세가 중요합니다. 정보화와 세계화에 의한 무한 경쟁 시대에는 사람과 사람 사이, 사람과 조직(법인) 사이, 조직과 조직 사이 등 '사이'의 질이 경쟁력의 원천이 됩니다. 이 '사이'들을 결합하여 생산적인 관계로 만드는 요소는 정직, 근면, 신뢰, 진실, 협동, 투명성 등입니다.

사람과 사람, 사람과 회사, 회사와 회사가 서로 믿고 정보를 공유하며 협동적 관계를 유지하는지 아닌지에 따라 이들이 만들어내는 제품의 품질과 경쟁력은 크게 달라집니다. 이 사회에서는 각자가 하는 일 중 하나가 잘못되면 자기에게도 피해가 오기 때문에 발전모형은 가치사슬로 이어진 모든 사회의 발전을 도모하는 것이어야 합니다. 이런 모형에 알맞은 정신 자본이 바로 홍익인간이념입니다.

이상에서 살펴본 홍익인간이념과 홍익정신을 경제적 개념으로 해석하면 '사람과 사람, 사람과 법인, 법인과 법인 사이에 지식과 정보, 재물을 불려서 넘쳐나도록 하여 널리 이로운 생산관계'로 정의할 수 있습니다. 모든 사람이 스스로 선택한 목적을 자유롭게 추구할 때 부수적으로 얻어지는 결과가 사회 전체의 공동선善으로 돌아오면 가난한 절대 다수를 번영시킬 수 있습니다. 그래서 홍익인간이 되는 것입니다.

여기 한 가지 경계해야 할 것이 있습니다. 그것은 본능적으로 개인적 부를 추구하는 것이 사회의 생산력을 확대시킨다고 해도 무분별하거나 공정하지 못한 방법을 쓰는 것을 용납해서는 안 된다는 점입니다. 또한 어떠한 사회도 대다수가 가난하고 비참한 생활을 한다면 사회 전체는 행복할 수 없습니다. 그러므로 국민 전체에게 의식주를 제공하는 일부 사람들은 자신들의 생산물을 분배해서 나누어야 합니다. 물론 자신들이 부유하게 살 만큼의 몫을 뺀 나머지에 대한 분배를 말합니다.

여기서 중요한 것은, 시장질서에 의한 국부國富(나라의 부) 증대와 공평한 소득분배라는 공동선을 이루려면 먼저 국가가 법과 원칙으로 다스려져야 한다는 것입니다. 법과 원칙이라는 것은 사유재산권과 직업 선택의 자유에 기초한 자유시장경제 체제를 말합니다. 우리 모두 풍요로운 삶을 누리려면 먼저 경제가 발전해야 합니다. 경제 발전을 위해서는 노동생산성과 노동효율성이 계속 향상되어야 합니다. 자유노동, 자유기업, 자유무역이 인간의 경제적 번영의 지름길이며 이로 인해 인간은 정신적으로도 윤택해질 수 있습니다.

우리가 날마다 소비하는 물건이 얼마나 많은 사람의 손을 거쳐 만들어졌는지를 생각해봅시다. 이때 모든 사람이 각자 올바른 정신, 즉 홍익인간정신을 가지고 자기 일을 충실하게 하면서 개인의 이익을 추구했다면 비록 그들이 공익을 위해 일하지 않았다 하더라도 공익을 증진하게 됩니다. 결국 올바른 정신에 의한 개인의 욕망 추구가 경제와 사회 발전의 원동력이 된다는 것입니다.

5. 새 발전정신으로 적합한 홍익인간정신

[물음]
홍익인간은 인류의 발전과 복지에 헌신하는 지침을 가진 전략가이며 전문가라고 하셨습니다. 그렇다면 홍익인간형 인재를 길러내기 위해 필요한 정책은 무엇인가요?

[답변]
홍익인간형 인재를 기르기 위해서는 다음과 같은 정책이 필요합니다.

1. 시장경제의 도덕적 기초인 자연적 자유와 정의가 바로 서야 한다.
2. 국민 모두 목표를 성취하는 능력을 키울 수 있도록 정치·사회적으로 안정되고 사회 질서가 바로 설 수 있도록 하는 정책을 강화한다.
3. 국민 각자 다양성을 살려 자신의 분야에서 각자의 방법으로 사회에 공헌하도록 한다.
4. 정신과 지식 면에서 내실 있는 교육·훈련을 지속적으로 실시한다.
5. 기술·기능 교육을 강화하고 장인정신을 발휘할 수 있는 토양을 만들어 창업을 활성화한다.
6. 차별화 전략을 통해 공정성과 역동성을 유지한다.
7. 도덕을 지키고 협력하면 거래비용을 줄여 전반적인 효율을 높이고 함께 오래 발전할 수 있음을 인식한다.

21세기 대 변혁의 시대를 주도적으로 살아가려면 20세기와는 다른 새로운 발전 틀과 발전정신이 필요합니다. 경제 체제도 새로운 발전 틀에 맞도록 바뀌어야 합니다. 새로운 경제 체제에 맞는 사고의 틀을 전통적 사상에서 찾아 현대에 맞게 다듬은 새로운 발전정신도 필요합니다. 여기에 적합한 것이 바로 홍익인간 정신인 것입니다.

'보이는 손'인 국가의 정의, 법과 원칙의 지배가 제대로 이루어지지 않으면 '보이지 않는 손'이 작용하는 시장에서 시장질서가 제대로 작동할 수 없습니다. 그러면 국부의 증대와 공평한 소득분배가 이루어지지 않아 공동선을 달성할 수 없습니다. 『국부론』이라는 책을 쓴 애덤 스미스는 정의가 없으면 사회가 무너지기 때문에 정의의 규칙은 시장에서 보이지 않는 손이 작동하기 위한 도덕적 기초라고 말했습니다. 정의의 규칙이 바로 설 때 국민 각자가 스스로 선택한 목표를 향해 자유롭게 나아갈 수 있습니다. 그럼으로써 자유의 부산물인 국가 전체의 '공동선'으로 돌아와 가난한 절대 다수의 국민을 번영의 길로 인도할 수 있다는 것입니다.

홍익인간은 단군 조선 이래 우리 민족 국가의 건국 이념·통치 이념·정치 이념·교육 이념·윤리 이념이었습니다. 또 1949

년 교육기본법의 교육 이념이 된 후 우리나라의 인적 자본을 이루는 데 많은 영향을 끼쳤습니다. 이를 현대의 경제이론에 적용하면 세상에 정신·지식·인정·의사意思·정보·일자리·물자 등이 물처럼 넘쳐흐르게 하는 것입니다. 또 경제 성장과 부의 축적에 기여한 각자의 몫에 따라 고르게 배분되는 서로 잘 사는 상생의 공동체를 형성하게 됩니다. 이는 스스로 노력하여 살아가는 구조이므로 부익부 빈익빈의 양극화를 막을 수 있습니다.

그렇다고 홍익인간이 모두 똑같이 나누는 평등을 의미하는 것은 아닙니다. 보편적인 자유와 정의, 평화를 추구하는 것으로 홍익인간이념은 경세제민經世濟民(세상과 나라를 다스리고 백성을 구제함)의 경제발전정신입니다.

홍익인간정신을 경제 발전의 필수조건인 '발전정신'으로 나타내기 위해서는 홍익인간형이 제대로 확립되어야 합니다. 홍익인간형은 어떤 사람일까요? 홍익인간은 인류의 발전과 복지에 헌신하는 지침을 가진 전략가이며 전문가를 의미합니다. 이런 홍익인간형 인재를 길러내려면 다음과 같은 국가 정책이 필요합니다.

첫째, 시장경제의 도덕적 기초인 자연적 자유와 정의가 바로 서야 합니다. 둘째, 국민 모두 기회를 알아내고 이를 잡아 목표를 성취하는 능력을 키울 수 있도록 정치·사회적으로 안정되고 사회 질서가 바로 설 수 있도록 하는 정책을 강화해야 합니다. 셋째, 국민 각자 다양성을 살려 자신의 분야에서 각자의 방법으로 사회에 공헌하도록 합니다. 넷째, 정신과 지식 면에서 내실 있는 교육 훈련이 지속적으로 이뤄져야 합니다. 개인의 창의성은 치열한 경쟁과 혁신 속에 만들어지기 때문입니다. 정신 자본 형성에 더 많은 비중을 두도록 교과과정을 바꿔야 합니다. 다섯째, 기술·기능 교육을 강화하고 장인정신을 발휘할 수 있는 토양을 만들어 창업을 활성화해야 합니다. 여섯째, 차별화 전략을 통해 공정성과 역동성을 유지해야 합니다. 일곱째, 도덕을 지키고 협력하면 거래비용을 줄여 전반적인 효율을 높이고 함께 오래 발전할 수 있음을 인식해야 합니다. 도덕은 근면·자조·정직·절제·배려로, 협동은 신뢰·협조·존경 등으로 구체화됩니다.

홍익인간형을 한마디로 표현한다면 '공공적 이익을 추구하는 창조적 의지와 담대한 결단을 내릴 수 있는 지도력을 갖춘 지도자'입니다. 이런 지도자와 함께 정치·사회적으로 안정을 이루고 국방을 튼튼히 하며 사회 질서를 확립해야 합니다. 이런 것들이 경제 발전의 필수조건이기 때문입니다. 또 국민들에게 경제 성장의 열매가 골고루 돌아가게 함으로써 홍익문화를 자유롭게 펼치게 한다면 세계의 자유와 정의, 평화의 확립에 공헌할 수 있습니다.

제4장 자본주의와 시장경제 체제

1. 부의 창출과 기업가정신

[물음]
경제적 부가가치는 어떻게 창조되나요?

[답변]
부를 축적하는 방법은 네 가지입니다. 첫째는 기업가정신을 발휘하는 것입니다. 두 번째는 가치 있는 재화나 서비스, 정보 등을 제공하고 그 대가를 받는 방법입니다. 셋째는 부동산이나 주식 가격이 오르면 이를 팔아 소득으로 만드는 것입니다. 넷째는 다른 사람이 벌어놓은 부를 이전받는 것입니다. 이 중 경제적 부가가치는 첫째와 둘째로만 창출됩니다. 다른 사람이 벌어놓은 부를 이전받으면 개인 소득은 늘어나지만 국민소득 증가에는 도움이 되지 않습니다. 이는 단순한 '소득 이전'에 지나지 않기 때문입니다.

사람들이 부富를 축적하는 첫 번째 방법은 기업가起業家정신을 발휘하는 것입니다. 기업가정신은 발견과 혁신의 원천으로, 자신뿐만 아니라 국민경제 번영의 원천이 됩니다. 두 번째 방법은 가치 있는 재화나 서비스, 정보 등을 제공하고 그 대가를 받는 방법입니다. 재화나 서비스의 생산에 기여한 노동과 자본 등 생산 요소에 대한 대가로 받는 것이 임금, 임대료, 이자 등입니다. 이들의 부가가치의 합계가 소득이 되어 부를 형성하게 됩니다. 셋째, 자산 가치가 올라간 만큼을 현금화하는 방법입니다. 부동산이나 주식 가격이 오르면 이를 팔아 소득으로 만드는 것이지요. 넷째, 다른 사람이 벌어놓은 부를 이전받는 것으로 증여나 상속을 받는 것이 대표적입니다. 그 외에도 뇌물을 받거나 남의 것을 훔치거나 떼쓰고 위협하여 돈을 받아내는 것도 네 번째 방법에 속합니다. 생산에 기여하지 않고 임금을 받거나 생산에 기여한 것보다 더 많이 받는 것도 이전소득입니다. 생산에 기여한 것보다 덜 받아가는 사람이 생기기 때문입니다. 집단 민원이나 이익집단의 로비로 보조금, 보상금, 지원금 등 정부 예산을 받아내는 것도 여기에 포함됩니다.

경제적 부가가치는 앞에 얘기한 네 가지 방법 중 첫째와 둘째 방법에 의해서만 창조됩니다. 셋째와 넷째 방법은 개인적으로는 소득이 늘어나게 하지만 국민소득 증가에는 도움이 되지 않습니다. 소득이 한 곳에서 다른 곳으로 옮겨가는 '소득 이전'에 지나지 않기 때문입니다. 따라서 사람들이 부가가치를 창조하기보다 남이나 정부의 돈으로 편하게 살 궁리만 하거나 투기에만 관심을 갖는다면 경제는 곧 성장을 멈추게 됩니다.

부가가치를 창조하는 것보다 투기 등으로 돈을 버는 것이 더 쉽다고 생각하여 소득 이전으로 부를 쌓기 원하는 사람이 많습니다. 그러니 정부 정책은 경제주체들의 이런 성향을 억제하고 되도록 기업가정신으로 부가가치를 창조하도록 유도해야 합니다.

기업인과 근로자 등 모든 경제주체가 생산적으로 일해서 돈을 버는 것에 관심두지 않거나 포기한다면 어떻게 될까요? 기업인들은 새로운 투자와 기술 혁신을 통해 기업을 키우겠다는 의지를 잃을 것입니다. 또 근로자들은 부지런히 땀 흘려 일해서 부를 축적하려는 의지를 잃을 것입니다. 이렇게 되면 기업들은 돈을 쌓아놓고만 있을 것이고 근로자들은 되도록 덜 일하고 임금을 더 많이 받는 것에만 관심을 둘 것입니다. 당연히 이런 상황에서는 경제가 발전할 수 없습니다. 따라서 진정한 경제혁신은 생산적으로 일해서 부가가치를 창조하는 데 국민의 힘이 집중되도록 정책과 제도를 개혁하는 것입니다.

2. 기업가정신이란 무엇인가

[물음]
기업가정신이란 무엇인가요?

[답변]
기업가정신이란 개인이나 기업이라는 조직을 통해 경제적 이윤의 기회를 발견하고 부를 창출하여 많은 사람이 혜택을 얻어서 다른 사람도 따라하게 되는 경우를 말합니다.

기업가정신은 이윤창출 기회를 발견하고 개척하여 경제 발전의 원동력이 됩니다. 이렇게 볼 때 기업가정신은 바로 홍익인간이념과 닿아 있습니다. 기업가정신은, 사람들이 일반적으로 생각하는 것보다 더 높은 가치를 만들어내려면 어떻게 해야 하는지 발견해냅니다. 기업의 이윤은 그 발견에 대한 보상이고 발견된 가치에 대한 정당한 요구입니다.

새로운 기회가 성공적으로 부를 창출할 것인가는 그것을 실행하기 전에는 아무도 알 수 없습니다. 그 기회는 가끔 적절한 시간과 장소에 우연히 있게 된 누군가에 의해 갑자기 발견될 수도 있습니다. 기업의 역사를 뒤져봐도 새로운 부의 창출 기회를 발견하게 된 공통적인 요인은 없습니다. 누가 성공하는 기업가일지, 어떤 종류의 혁신이 어떤 분야에서 만들어질지는 예측할 수 없고 따라서 계획할 수도 없습니다.

그러기에 최선의 방법은 시장에서 모두가 최상의 역량으로 기업가정신을 발휘하여 자신의 발상을 시도해보는 것입니다. 많은 사람이 실패할 것이고 더 많은 사람이 시도하기를 주저할 것입니다. 그러나 누군가는 성공적으로 혁신할 것이고 사람들은 그 성공을 따라할 것입니다. 그래서 더 많은 사람에게 혜택이 돌아가게 할 것입니다. 자신의 역량을 다하여 각자의 발상을 자유롭게, 끊임없이 시도해보고 실험하며 그 결과 증명된 승자를 선택하는 것이 자유시장의 이점입니다. 이 덕분에 자유경쟁시장 체제 아래서는 기업의 혁신과 경제 발전이 다른 경제 체제보다 더 빠르고 활발하게 일어납니다.

3. 자본주의 시장경제가 펼쳐지는 조건

[물음]
자본주의 시장경제가 자유롭게 펼쳐지려면 어떤 조건이 갖춰져야 하나요?

[답변]
사유재산권이 보장되어야 하고 시장에 의한 생산과 분배가 되어야 합니다. 또 자유의 가치를 존중해야 하고 경제 발전 원동력으로서의 사익 추구가 인정되어야 합니다. 다양성과 경쟁이 보장되어야 하고 친親 자본·친 기업의 문화가 퍼져 있어야 하며 정부의 경제적 기능과 법치주의가 제대로 작동해야 합니다.

모든 개인과 기업이, 인간이 원하는 제품을 원하는 양만큼 더 좋게 만들기 위하여 혼신의 노력을 하도록 동기를 부여할 수 있다면 각종 재화와 서비스의 생산은 끊임없이 늘어나게 됩니다. 이것이 경제 성장이고 국부國富의 증대입니다. 이에 대해 인류 역사상 가장 과학적인 방법으로 그 원리를 밝힌 것이 애덤 스미스가 1776년에 저술한 『국부론』입니다. 바로 이 책에서 경제학과 자본주의 시장경제가 시작되었지요.

『국부론』에서는 국부의 창출이 정부의 몫이 아니라 민간 부문의 몫이라 했습니다. 그러면서 두 가지 문제를 해결하려 했습니다. 하나는 어떻게 하면 국부를 계속 늘릴 수 있을까 하는 문제였습니다. 또 하나는 어떻게 하면 경제 내부의 질서를 잘 유지할 수 있을까의 문제입니다. 경제 내부의 질서 유지는 소비자나 생산자가 서로 해를 끼치지 못하도록 하는 것입니다. 또 생산자로 하여금 소비자가 원하는 상품을 원하는 양만큼 최소의 비용으로 생산하도록 만드는 것입니다.

나라 사이의 경제경기에서 이기면 국민은 풍요로운 삶을 누리고 국가는 권력이 커집니다. 시장경제 경기에는 엄격한 규칙이 있습니다. 경제경기에는 전 국민이 참여하고 이는 24시간 쉬지 않고 계속되며 모든 제품과 서비스를 다 사용하며 승패는 전 국민에게 영향을 끼칩니다. 시장경제 경기에서 선수인 국민들이 활기차게 뛰어서 경제를 활력 있게 만드는 길은 규칙을 철저히 지키면서 경쟁에 임하는 것입니다.

우리나라에서 자본주의가 시작된 때는 1948년 대한민국 헌법 제정 이후입니다. 자본주의 시장경제 체제는 인간에게 가장 자연스러운 일을 하도록 합니다. 그런데 너무 쉽고 자연스러워서 많은 사람은 이를 경제 체제로 받아들이려 하지 않습니다. 이를 해결하는 방법은 다음의 일곱 가지를 잘 하는 것입니다.

1) 사유재산권의 보장

자본주의는 생산수단, 특히 자본의 사적 소유를 인정합니다. 재산권이란 재산을 소유하고 그 재산을 관리·통제할 수 있는 권리, 재산에서 발생한 소득을 가질 수 있는 권리, 재산을 팔거나 없애는 권리, 재산을 사용하여 생산활동을 하거나 새로운 기업을 만들 수 있는 권리를 말합니다.

자본주의가 재산권의 철저한 보호를 주장하는 이유는 다음과 같습니다.

첫째, 재산을 소유하려는 동기는 인간의 본성이고 이는 인적자본을 최대한으로 활용할 수 있게 합니다. 항산恒産이 있어야 항심恒心이 가능합니다. 쉽게 말하면 생활하는 데 필요한 일정한 재산이나 생업이 있어야 변함없이 늘 떳떳한 마음을 가질 수 있다는 얘기입니다. 인간은 항산이 늘어날 때 안정감과 자신감을 갖습니다. 그래서 재산을 국가에 다 빼앗긴 공산국가 국민들은 늘 불안 속에서 살아갑니다. 둘째, 지역 사이의 수요와 공급의 불균형을 바로잡을 수 있고 활발하게 제품의 개선, 신제품 개발을 하도록 합니다. 셋째, 사람들을 열심히 일하게 만듭니다. 넷째, 재산을 가장 잘 관리할 수 있게 합니다. 어떤 재산이든 가장 잘 관리할 수 있는 사람은 바로 소유자입니다. 그래서 대개는 소유자를 확실하게 정하면 재산을 가장 잘 관리할 수 있습니다. 다섯째, 재산의 장래 가치를 높일 수 있습니다. 재산의 소유자는 자기 재산의 가치를 높이기 위해 부단히 노력하므로 재산의 가치를 올릴 수 있습니다. 여섯째, 재산을 생산수단인 자본으로 전환하게 하는 가장 좋은 방법입니다.

인간이 가장 좋아하고 또 바람직한 소유는 정당한 일에 최선을 다한 다음 그 대가로 돌아오는 것을 차지하는 것입니다. 이런 소유를 마음껏 늘려갈 수 있도록 하는 것이 자본주의 시장경제의 핵심입니다.

2) 시장에 의한 생산과 분배

시장이란 사는 사람과 파는 사람이 어떤 재화나 서비스를 거래할 수 있도록 만들어놓은 곳입니다. 시장은 실제 눈에 보이는 장소일 수도 있고 눈에 보이지 않는 공간일 수도 있습니다. 백화

점 매장, 옷가게, 인터넷, 음식점, 휴대폰, 컴퓨터, 홈쇼핑 프로그램, 증권거래소, 경매장 등이 모두 시장입니다.

공산국가에서는 올해 누가 휴대폰을 몇 개 생산해야 하고 누가 소비해야 하는가를 정부가 마음대로 결정합니다. 그러나 정부가 관여하지 않고 내버려두어도 만들고 싶은 사람이 나타나서 만들어 팔고 사고 싶은 사람이 나타나서 알아서 삽니다. 이런 시장 거래를 통해 제품의 수요와 공급이 자연스럽게 이루어집니다. 이렇게 시장에 의해 생산과 분배가 이뤄지기 때문에 자본주의를 시장경제라고 합니다. 자본주의는 자본의 사유가 인정되고, 자유로이 경쟁할 수 있으며, 이윤이 인정되는 제도입니다.

사는 사람은 자신의 사정을 생각해서 물건을 삽니다. 또 파는 사람도 자신의 사정을 생각하고 팝니다. 어떤 제품이든 그 가격과 거래량은 정부가 아니라 이해 당사자인 수요자와 공급자 자신들의 사정을 감안하여 결정됩니다. 이때 수요자와 공급자 모두 이득을 볼 수 있게 만드는 것이 시장에 의한 교환이고 홍익인간 활동입니다. 이것이 '수요·공급의 원칙'이고 시장에 의한 생산과 분배의 핵심 원리입니다. 자신의 이익을 위해 열심히 일하는 것이 곧 남을 이롭게 하는 것이고 홍익인간입니다.

시장에 의한 생산과 분배가 잘 이루어지기 위해서는 생산자나 소비자 모두 자유롭게 거래 활동에 참여할 수 있어야 합니다. 또 그만두고 싶을 때는 언제든지 그만둘 수 있어야 합니다. 이렇게 들어가고 나가는 것이 자유로워야 자유시장이라 할 수 있습니다.

3) 자유의 가치 존중

자본주의는 자유주의의 원리가 실행되는 사회경제 체제입니다. 자유주의는 사유재산·재화의 자유로운 교환을 주장하고 민간경제활동에 대한 정부의 개입을 최소화할 것을 제안합니다. 자유주의는 다른 사람의 자유를 침해하지 않는 한, 각 개인은 자유롭게 자신의 방법대로 자신의 목표를 추구할 수 있는 정치적 신념입니다.

자본주의를 채택한 나라의 목표는 다른 사람에게 해를 주지 않는 한 개인의 일에 간섭하지 않고 개인의 생명과 재산을 보호하는 것입니다. 그로 인해 사유재산과 사적 계약이 존중되는 것이지요. 따라서 자본주의 국가의 국민들은 자유롭게 생각할 수 있고 그 덕에 자연과학, 인문학, 사회과학 등 모든 학문 분야에 탐구 정신을 왕성하게 발휘할 수 있었습니다. 스스로 선택한 삶을 더 나은 삶으로 만들기 위해 열심히 일하고 거래하며 저축·

투자하여 분업과 전문화가 촉진되었습니다.

산업혁명으로 교통 통신이 발달하고 무역이 더욱 확대되어 시장이 커졌습니다. 나라 사이의 분업과 전문화도 심화되어 더 많은 재화와 서비스가 생산되었습니다. 이로써 경제 발전이 이루어져 더 많은 사람이 시장경제로 통합되었습니다. 이는 세계 곳곳에서 변화의 물결을 일으켜 새로운 산업혁명이 되었고 수 세기 동안 이어졌습니다. 그에 따라 생산과 소득이 증가하고 삶의 질이 크게 개선되었습니다.

세계적인 정책연구기관인 프레이저 연구소에 따르면 경제적 자유란 "정당한 방법으로 갖게 된 재산을 타인의 물리적 침해로부터 보호받을 뿐 아니라 타인의 자유를 침해하지 않는 한 자신의 재산을 사용·교환·증여할 수 있는 자유"라 했습니다. 또 이 연구소는 경제적 자유의 주된 내용은 개인의 선택의 자유, 시장을 통한 자발적 거래의 자유, 시장 진입과 경쟁의 자유, 타인의 침해로부터 개인과 개인 재산 보호 등이라 했습니다.

경제적 자유가 많은 나라일수록 소득 수준과 경제 성장률이 더 높고 환경 보호에도 앞섭니다. 또 경제적 자유가 많은 나라일수록 사람들이 더 오래 살고 인권도 잘 보호됩니다. 세계에서 가장 못 사는 후진국이나 굶어 죽는 사람이 많은 공산국가의 특징은 경제적 자유가 없다는 것입니다. 공산국가에서는 국가가 개인의 직업을 정해주고 각종 제품을 계획적으로 생산하여 분배하기 때문에 개인이 창의성을 발휘하여 하고 싶은 사업을 할 수 없습니다.

자본주의는 자유를 최고의 가치로 여기지만 많은 사람이 자본주의에 대해 오해하고 있습니다. 자본주의는 돈에 최고의 가치를 두고 부유한 자본가들을 위한 사회라고 잘못 생각하는 것입니다. 이렇게 생각하게 된 이유가 있습니다. 칼 마르크스가 제1차 산업혁명 이후 펼쳐진 사회를 자본주의라 부르며 그 사회를 부유한 자본가만을 위한 사회라고 일컬었기 때문입니다. 산업혁명이 전개되었던 자본주의 초기의 근로자들은 가난에 허덕였고 빈부의 차이도 컸기 때문에 마르크스가 이렇게 잘못 생각한 것입니다.

그러나 당시 노동자들의 궁핍한 삶은 대부분 그 이전 시대부터 겪어왔던 것입니다. 실제로는 삶이 전 시대보다 훨씬 나아졌고 빈부의 격차도 줄었습니다. 그럼에도 불구하고 마르크스는 당시 근로자 삶의 한쪽 면만 보고 자본주의가 자본가들만 위하는 체제라고 말한 것입니다.

자본주의 사회는 결코 돈에 최고의 가치를 두는 사회가 아닙니다. 개인의 자유를 중요하게 여기고 자유주의 이념이 실현되는 사회입니다. 자본주의 체제가 도입된 이후 생산력이 증가하면서 인류는 이전과는 비교할 수 없을 만큼 잘 살게 되었습니다. 삶의 질이 크게 달라졌고 번영의 혜택은 모든 사람에게 돌아갔습니다. 유아 사망률이 크게 줄었고 인류의 평균 수명이 늘어났습니다. 자본주의를 택한 나라의 사람들은 과거의 왕이나 귀족보다 훨씬 더 깨끗한 환경에서 살게 되었습니다. 또 능력과 소망을 가진 사람들은 누구나 자신의 사회적 지위를 높일 수 있게 되었습니다. 자본주의가 자리 잡고 사람들의 생활 형편이 나아진 이후에는 문화도 꽃을 피우기 시작했습니다.

모든 영역에서 더욱 위대한 성취를 이루기 위해 가장 절실하게 필요한 것은 개인의 자유입니다. 누구든지 자유롭게 발명하고 발견하며 정신적 가치를 추구하는 사회가 자본주의 사회입니다. 물론 자본주의도 문제가 전혀 없는 완벽한 체제는 아닙니다. 그러나 그 어떤 체제보다 인적 자본을 활용하기 좋은 체제입니다. 자본주의 체제 아래서는 개인의 자유를 바탕으로 하는 더 인간적인 가치가 실현되어 각자가 인적 자본 축적에 노력하기 때문입니다.

자본주의는 자본가의 이익이 아닌 대중을 위한 체제입니다.

자본가들은 자신의 자산을 투자하여 발전이 뒤떨어진 지역에 일자리를 만들고 생산성을 향상시킵니다. 결코 노동자를 착취하는 것은 아닙니다.

4) 경제 발전 원동력으로서의 사익 추구

인간의 합리적이고 정당한 사익(사익 : 개인이나 특정 집단의 사사로운 이익) 추구는 오히려 경제 발전의 원동력이 됩니다. 사람들을 보다 자발적이고 능동적으로 경제 행위를 하게 만들기 때문입니다. 자신이 일한 결실을 자신이 가져갈 수 있을 때 사람들은 스스로 더 열심히 일하고 이는 사회 전체적으로 경제 발전을 이끄는 막강한 힘이 됩니다.

식당에서 음식을 더 맛있게 만들려고 노력하는 이유는 자신에게 사익이 돌아오기 때문입니다. 사익 추구의 동기는 인간의 본성이지요. 자본주의는 이 본성을 최초로 유일하게 긍정적으로 보았습니다. 그래서 자본주의는 더 많이 노력하는 사람이 더 많은 보상을 받아야 한다고 주장합니다. 그 덕분에 정당한 사익 추구를 긍정적으로 평가하기 시작한 이래 세계 경제가 극적으로 발전하기 시작했습니다. 가난과 굶주림에 시달리던 인류가 자본주의 시장경제가 본격적으로 시작되면서 비약적인 발전을 거듭했습니다. 수천 년 동안 제 자리에 머물던 1인당 국민소득이 250년 만에 37배나 증가하는 기적이 나타났고 평균 수명이 길어져 세계 인구도 크게 늘어났습니다.

애덤 스미스는 『국부론』에서 개인의 정당한 사익 추구가 공익에도 이바지한다며 다음과 같이 말했습니다.

"인간은 누구나 자신이 자유롭게 처분할 수 있는 모든 자본을 생산물의 가치가 최대가 되고 가장 큰 이득이 되도록 이용할 수 있는 방안을 찾으려고 끊임없이 노력한다. 일반적으로 공익을 증진할 의도는 없고 또 어떻게 해야 하는가도 잘 모른다. 자신의 안전이나 이익만을 생각하는데 마치 보이지 않는 손의 인도를 받아서 하는 것처럼 공익을 증진하게 된다. 스스로의 이익을 추구하는 것이 사회의 이익을 의도적으로 추구하는 것보다 더 효율적으로 공익을 증진하게 되고 이런 경우가 더 흔하다."

개인이 목표로 하는 것은 자신의 이득이지 사회의 이득이 아닙니다. 그러나 어떻게 하면 자신이 이득을 볼까 연구하는 과정에서 자연스럽고 필연적으로 사회에 가장 이득이 되는 방안을 선택하게 됩니다. 즉, 홍익인간을 하는 것입니다.

『국부론』의 큰 장점 가운데 하나는, 인간의 본성이 사익을 추구한다는 사실을 바탕으로 나라의 부를 증진할 방법을 밝힌 것입니다. 『국부론』에서 애덤 스미스가 소망한 '자연적 자유와 완전한 정의의 사회'의 규칙은 시장에서 '보이지 않는 손'이 작동하기 위한 도덕적 기초입니다. 인간이 정당한 경쟁을 통해 사익을 열심히 추구하면 결국은 공익에 크게 기여하게 된다는 것이 애덤 스미스의 '보이지 않는 손'의 원리입니다.

보이지 않는 손의 원리는 사익 추구를 바탕으로 합니다. 예를 들어 우리나라의 전자 회사나 자동차 회사들이 국내외 다른 회사들과 치열한 경쟁을 하면서 열심히 일하는 것은 사익을 추구하기 때문입니다. 그런데 그 결과 세계적인 제품을 만들고 수출하여 귀중한 외화를 벌어들입니다. 이것이 우리 국민에게 큰 도움을 주고 공익을 크게 증진합니다. 즉, 사익을 열심히 추구한 결과 저절로 공익 증진이 나타나 홍익인간이 되는 것입니다.

조선 시대에도 이와 비슷한 주장을 한 사람이 있었습니다. 그는 바로 연암 박지원(1737~1805)입니다. 박지원은 지금으로부터 200여 년 전에 이미 시장 역할과 개인의 정당한 사익 추구를 긍정적으로 평가했습니다. 이는 애덤 스미스의 "정당한 사익 추구가 곧 공익에도 공헌한다"라는 말과 통합니다. 『국부론』과 20여 년밖에 차이 나지 않던 그때, 신분제에 얽매여 있던 조선에 이런 안목을 가진 학자가 있었다는 것이 놀라울 뿐입니다.

애덤 스미스와 박지원은 이 원리를 이미 18세기에 깨달았습니다. 그런데 그로부터 200년이 훨씬 지난 21세기에 살고 있으면서도 아직 사익과 공익을 대립적인 것으로 보는 사람이 많습니다. 정당한 사익 추구가 공익 실현으로까지 자연스럽게 이어지는 구조를 이해 못 하는 이유는 대개 시장에서의 거래 특성에 대해 모르거나 오해하기 때문입니다. 시장 거래에 참여하는 사람 모두는 자신의 정당한 사적 이익을 추구합니다. 그래서 거래가 성사되었다는 말은 거래에 참여한 모두가 그 거래로 이익을 얻게 되었다는 말과 같습니다. 즉, 자기 이익을 위해 거래를 하지만 그 과정에서 다른 사람의 이익도 자연스럽게 충족시킵니다.

거래는 일방적이 아니라 상호적입니다. 시장에서 이런 상호 이익 주고받기가 계속 일어나면 사회 전체의 이익도 증대됩니다. 정당한 사익 추구가 보이지 않는 손에 이끌려 자생적이고 자발적인 협력 망을 만들어냅니다. 이것이 공익 실현에도 이바지하는 것이야말로 자유시장경제가 보여주는 기적입니다.

어떤 사람들은 애덤 스미스가 이기심만으로 시장경제가 움직인다고 주장했기 때문에 자본주의 시장경제는 근본적으로 잘못되었다고 비판합니다. 하지만 이는 그릇된 생각입니다. 도덕철학자인 애덤 스미스는 『국부론』을 쓰기 전에 『도덕감정론』이라는 책을 썼습니다. 이 책에서 그는 인간들이 이기적으로 행동하는 시장경제에서의 도덕적 기초로 '공감 원리'를 제시했습니다. 자본주의는 윤리적 뒷받침이 있으면 가장 좋은 제도가 되지만 그렇지 못하면 정말 못된 제도가 될 수도 있습니다. 일하지 않고 다른 사람이 일해서 벌어놓은 것을 탐내거나 다른 사람을 생각하지 않는 것은 자본주의가 말하는 정당한 사익의 추구가 아닙니다. 자본주의는 남을 이롭게 하는 마음인 '이타심'도 강조합니다.

사회주의자들이 주로 하는 자본주의에 대한 비판은 경쟁에 대한 것입니다. 모든 사람이 출발선과 경쟁의 결과에 있어 평등하지 않다는 것입니다. 그러니 경쟁은 무조건 나쁘다는 것이지요. 이 세상에 똑같은 인간은 단 한 명도 없습니다. 이런 인간을 모두 평등하게 하는 것은 사회 정의가 아닙니다. 모든 사람이 자신이 일한 만큼, 노력한 만큼 대가를 받는 것이 사회 정의입니다. 다만 신체적으로, 사회적으로 도움을 받아야 하는 사람에게는 적절한 도움을 주어 함께 나아갈 수 있도록 하면 되는 것입니다.

5) 다양성과 경쟁 보장

[물음]
우리는 왜 경쟁을 해야 하는 걸까요?

[답변]
경쟁이 다음과 같은 중요한 역할을 하기 때문입니다.
1. 생산자나 소비자가 서로 해치지 못하게 만들고 오히려 서로에게 도움이 되도록 한다.
2. 자율규제 장치를 만들어서 기업들로 하여금 자원을 가장 효율적으로 사용하게 만든다.
3. 경쟁자들로 하여금 끊임없는 기술 발전과 혁신을 하도록 부추긴다.
4. 개인이나 기업이 사익을 추구하더라도 공정한 경쟁을 하면 공익을 증진하는 결과를 낳는다.
5. 무능한 생산자를 골라내서 퇴출시키는 자동정화기능을 한다.

건강한 숲에는 여러 종류의 나무와 풀이 자라듯이 시장경제가 건강하게 성장하려면 다양한 경쟁자가 있어야 합니다. 경쟁자가 많을수록 인간은 자신의 역량을 최대한 발휘하고 키우기 위해 노력합니다. 시장경제를 가로막는 것은 억지로 평준화해서 경쟁자를 없애거나 획일적으로 만들어버리는 것입니다.

경쟁을 치열하게 하는 길은 경쟁자에게 돌아가는 몫을 인정하는 것으로부터 시작됩니다. 시장경제는 경쟁을 잘 할수록, 또 무엇이든지 가장 잘 하는 사람이 더 많은 혜택을 누릴 수 있도록 합니다. 그래서 사람이나 기업이나 무엇이든지 최선을 다하도록 하는 것입니다. 경쟁은 경쟁자 사이의 차이를 전제로 하고 있습니다. 경쟁이 치열할수록 참여한 사람에게 돌아가는 혜택의 차이도 크게 만듭니다. 만인의 평등을 목표로 하는 공산주의자들은 경쟁을 허용하지 않습니다.

경쟁은 다음과 같은 중요한 역할을 합니다.

첫째, 치열한 경쟁은 생산자나 소비자가 서로 해치지 못하게 만들고 오히려 서로에게 도움이 되도록 최선을 다하게 합니다. 예를 들어 우리나라 가전제품 회사들은 치열한 경쟁 때문에 제품의 값을 함부로 올리지 못합니다. 소비자들도 서로 경쟁하여 마음대로 값을 깎을 수 없습니다.

둘째, 치열한 경쟁은 자율규제 장치를 만들어서 기업들로 하여금 자원을 가장 효율적으로 사용하게 만듭니다. 경쟁은 개인이나 기업이 게으름을 피우지 못하게 합니다. 또 자신의 역량을 최대한 발휘하고 개선하도록 부추깁니다. 예를 들어 대학 입시가 없다면 대부분의 고등학생은 지금처럼 열심히 공부하지 않을 것입니다. 입시라는 경쟁이 있기에 열심히 공부하여 자신이 원하는 바도 얻고 실력도 높일 수 있는 것입니다.

셋째, 치열한 경쟁은 경쟁자들로 하여금 끊임없는 기술 발전과 혁신을 하도록 부추깁니다. 전 세계 휴대폰 회사들은 치열한 경쟁에 지지 않으려고 하루가 다르게 혁신적인 제품을 만들어냅니다.

넷째, 개인이나 기업이 사익을 열심히 추구하더라도 공정한 경쟁을 하면 공익을 증진하는 결과를 낳습니다. 마치 보이지 않는 손이 작동하는 것과 같지요.

다섯째, 경쟁은 무능한 생산자를 골라내서 퇴출시키는 자동정화 기능을 합니다. 공산국가에서는 음식을 맛없게 만드는 식당도 권력자의 명령만 잘 따르면 장사할 수 있습니다. 그러나 시장경제에서는 맛없는 음식을 만드는 식당은 자동적으로 퇴출됩니다.

6) 친親 자본 · 친 기업의 문화

자본은 노동의 친구이자 보편적 번영의 열쇠입니다. 자본은 노동자의 생산성을 증가시켜 소득을 높이고 생활 수준을 향상시킵니다. 지난 60년 동안 우리나라 근로자의 임금이 수십 배, 수백 배 오를 수 있게 한 것도 자본의 힘입니다. 우리나라 기업이 자본을 투자하여 일자리를 만들고 그 이윤을 함께 나눈 덕분입니다.

경제의 진정한 번영은 소비재와 생산재의 생산 단계에 투자를 더 많이 하기 위한 저축에 달려 있습니다. 자유시장경제 체제에서는 기업의 이윤 추구와 기업가정신을 허용하기에 이런 생산적인 자본 축적이 가능합니다. 자본의 발목을 잡는 규제는 없애야 합니다. 정부의 그런 간섭과 규제는 경제적 자유를 제한하여 저성장과 실업을 불러옵니다. 이로 인해 가장 큰 타격을 받는 것은 근로자들입니다.

국민을 먹여 살리고 나라의 부를 창출하는 것은 기업입니다. 기업은 생활에 필요한 재화와 서비스를 생산하여 제공하는 과정에서 일자리와 소득과 국부를 창출합니다. 그러므로 가난한 사람을 가장 잘 돕는 것이 기업입니다. 또 흩어져 있던 인적·물적 자원을 꿰어서 보배로 만들고 수많은 사람의 힘을 한데 뭉치게 합니다. 따라서 국민은 기업가를 좋아하고 기업하기를 원합니다. 부富를 긍정적으로 생각하고 부자를 좋아하는 나라는 시장경제라는 경제 경쟁에서 승리하여 부자 나라가 될 수 있습니다. 반면에 그렇지 못한 나라의 국민은 항상 가난과 싸우며 살아가게 됩니다.

　미국이나 일본의 젊은이들은 보통 공무원보다는 기업 경영인이 되고 싶어 합니다. 남미 사람들은 기업 경영인보다 축구 선수가 되기를 원하고 중동에서는 성직자가 기업가 위에 군림합니다. 후진국일수록 정치인이나 정부 관리가 기업 경영인 윗자리에 앉습니다. 이런 나라에서는 자유기업 경제가 꽃피우기 힘듭니다.

　우리나라는 반反 기업 정서가 세계에서 가장 심한 나라입니다. 왜 그럴까요?

　그 첫 번째 이유는 사농공상士農工商의 전통적 가치관 때문입니다. 옛날에는 뛰어난 능력이 있는 사람들은 과거 시험에 합격하여 관리가 되려고 했습니다. 그래서 이름을 날리는 것을 최고의 이상으로 삼았지요. 그 영향으로 지금도 기업 경영인이 되는 것보다 행정고시 등 고시에 합격하여 관리가 되는 것을 출세라고 믿는 젊은이가 많습니다. 두 번째 이유는 공산주의와 오랫동안 첨예하게 대립하는 과정에서 공산주의자들의 반기업적인 선전 선동을 많이 접했기 때문입니다. 세 번째로 우리나라 국민들이 지나친 평등 의식을 가지고 있다는 점을 들 수 있습니다. 공산주의가 결과의 평등을 추구한다면 자본주의는 기회의 평등을 추구합니다. 자본주의는 평등한 선 위에서 출발하여 더 빨리 결승

점에 도달한 사람에게 더 많은 혜택이 돌아가게 합니다.

7) 정부의 경제적 기능과 법치주의

[물음]
시장경제 체제가 원활하게 돌아가려면 정부는 어떤 역할을 해야 하나요?

[답변]
정부는 다음과 같은 역할을 충실히 해야 합니다. 첫째, 정부는 국가 차원의 제도적 기반을 제공해야 합니다. 둘째, 정부는 국가 차원의 물적 기반시설을 제공해야 합니다. 셋째, 정부는 시장실패를 교정해야 합니다.

공산국가의 정부는 국민을 통제하고 먹여 살려야 한다고 믿습니다. 하지만 실제로 공산국가 정부가 성공적으로 국민을 먹여 살린 예는 없습니다. 시장경제와 관련하여 정부의 가장 중요한 역할은 '보이는 손'인 법에 의한 경제 운영, 즉 법치를 제대로 하는 것입니다. 어떤 정책 담당자나 권력자라도 법에 의하지 않고는 개인이나 기업을 처벌하거나 우대를 해주어서는 안 됩니다. 또 개인이나 기업이 법 이외의 이유로 불이익을 당할 때는 법의 보호를 받을 수 있게 하는 것이 법치 정부입니다.

기업은 이윤, 소비자는 효용, 정부는 국민 복지를 극대화하려고 노력합니다. 국민 복지를 결정하는 주된 요인은 국부입니다. 쉽게 말해 나라가 잘 살아야 복지도 가능하다는 얘기입니다. 글로벌 경쟁 시대에는 범지구적으로 경쟁력 우위에 오른 기업이나 산업이 없는 경우 국부를 창출하기 어렵습니다. 그러므로 정부는 우리 기업, 조직체, 정부 및 국민의 경쟁력을 향상시키기 위해 노력해야 합니다.

자유시장경제 체제에서 정부의 경제적 역할은 시장경제 체제가 잘 움직일 수 있도록 하는 것과 경제 목표를 달성하는 것입니다. 시장경제 체제가 잘 작동하면 경제라는 나무는 좋은 열매를 맺습니다. 그 열매는 경제 성장, 안정, 형평, 삶의 질의 향상 등입니다. 시장경제 체제가 원활하게 돌아가도록 정부는 다음과 같은 역할을 충실히 해야 합니다.

첫째, 정부는 국가 차원의 제도적 기반을 제공해야 합니다. 운동 경기에 규칙이 있듯이 시장경제라는 경기에도 규칙이 있습니다. 정부는 이 경기 규칙을 잘 정하고 생산자나 소비자 모두 이를 지키도록 이끌어야 합니다. 시장경제는 국민 모두 선수가 되어 우리가 가진 인적·물적 자원을 최대한 잘 활용하려고 노력할 때 성공할 수 있습니다.

둘째, 정부는 국가 차원의 물적 기반시설을 제공해야 합니다. 생산자나 소비자가 시장경제활동을 잘 하려면 도로·전기·정보통신·수도·철도·항만·공항 등 기반시설이 잘 되어 있어야 합니다. 정부는 이런 기반시설을 제대로 제공해야 합니다.

셋째, 정부는 시장실패를 교정해야 합니다. 공기업을 민영화하고 중앙 정부의 기능을 지방 정부나 민간단체로 옮기고 중복되는 정부 기능을 통합해야 합니다. 또 공무원의 생산성과 정부 행정의 효율성을 높이는 등 작고 효율적인 정부를 만들어야 합니다. 시장실패와 정부실패에 대해서는 학자마다 견해가 다릅니다. 여기서는 노벨상 수상자인 조지프 스티글리츠Joseph Stiglitz(미국 컬럼비아 대학교) 교수의 견해를 따라 살펴보겠습니다.

재화와 서비스를 생산주체 기준으로 나누면 민간 기업만 생산할 수 있는 것(사유재), 정부만 생산할 수 있는 것(공공재), 정부와 기업 모두 생산할 수 있는 것(준공공재)으로 나눌 수 있습니다. 생산활동 면에서 보면 국방, 치안, 외교 관련 서비스 등 공공재만 생산하는 정부가 가장 작은 정부입니다. 이런 작은 정부에는 어떤 장점이 있을까요? 우선 민간 기업이 더 잘 생산해 공급할 수 있는 재화나 서비스를 민간 기업에 맡겨 국민에게 더 좋은 재화나 서비스를 제공할 수 있습니다. 또 공무원의 수를 최소로 줄일 수 있습니다. 공무원의 수가 줄어들면 그들에게 줄 봉급도 줄어 세금을 절약할 수 있습니다. 또 쓸데없는 정부 규제가 늘어나는 것을 막을 수 있습니다.

4. 자본주의 정신

자본주의는 자본의 크기보다는 자본주의 정신이 발전함으로써 움직여나갑니다. 근대 자본주의 정신은 자신이 하는 일에 대한 엄격한 의무와 책임에 기초를 두고 있습니다. 이는 금욕적 태도를 바탕으로 합니다. 여기서 금욕적 태도란 정당한 경제활동을 통해 부를 얻고 쌓아가기 위한 헌신과 소득을 개인적 향락을 위해 사용하지 않으려는 마음가짐입니다. 이와 같은 태도는 '프로테스탄트 윤리'의 기본입니다.

프로테스탄트 Protestant 란 16세기 종교개혁으로 로마 가톨릭에서 떨어져 나와 루터, 츠빙글리, 칼뱅 등 종교개혁자들이 세운 종교 단체 혹은 그 분파에 속한 사람들을 말합니다. 흔히 '신교도'

라고도 합니다.

'프로테스탄트 윤리'는 독일의 사회학자 막스 베버의 주장으로부터 널리 알려지기 시작했습니다. 그는 『프로테스탄티즘의 윤리와 자본주의 정신』이라는 자신의 저서에서 유럽의 자본주의 초기, 프로테스탄트들은 바로 이 '프로테스탄트 윤리' 덕분에 경제적으로 성공할 수 있었다고 주장했습니다. 프로테스탄트들이 세속적인 성공을 하느님에 의해 선택받았다는 표시로 생각하고 이를 얻기 위해 열심히 일했기 때문이라는 것이지요. 이와 같은 프로테스탄트 윤리는 초기 자본을 축적할 수 있게 하여 자본주의를 발전시킨 주요한 원리가 되었습니다.

베버가 말하는 자본주의 정신은 '노동의 합리적 조직'인데, 이는 다음의 다섯 가지로 설명할 수 있습니다. 근로자든 자본가든 이런 정신을 가진 사람이 움직이는 것이 자본주의라는 것입니다.

① 노동하는 것은 그 자체로 가치가 있다.

② 정직하고 근면한 노동을 통해 돈을 버는 것이 인생 최고의 목표이다.

③ 감정의 동요에 따라 시간을 헛되이 소비하는 것을 경멸하고 아주 짧은 시간까지도 잘 계획하여 실천한다.

④ 돈을 더욱 많이 벌기 위해 쾌락, 행복, 즐거움 등을 포기하고 쓸데없는 휴식과 게으름을 물리친다.

⑤ 돈을 모으기 위해 절약하고 검소하게 생활한다.

그런데 이제 자본주의는 종교적 신앙의 의미를 넘어서 단지 생존을 위해 적응해야 하는 것으로 변했습니다. 즉, 물질을 위한, 물질에 의한, 물질의 자본주의로 변한 것이지요. 썩은 정신으로 돈을 추구하는 '천민자본주의'를 벗어나지 못하면 어떤 나라도 건강한 자본주의를 유지할 수 없습니다. 자본주의 정신을 건강하게 유지하려면 돈 이상의 삶의 의미와 윤리·규범, 직업에 대한 소명 의식과 기업가정신이 뒷받침되어야 합니다. 이제 인간을 위한, 인간에 의한, 인간의 자본주의가 되도록 다시 바꿔갈 필요가 있습니다.

5. 기업가정신과 홍익인간정신

[물음]
기업가정신을 발휘하면 이윤이 생기나요?

[답변]
기업가정신은, 어떤 사물에서 일반적으로 사람들이 생각하는 것보다 더 높은 가치와 적절한 용도를 발견하는 것입니다. 기업가의 이윤은 이 발견에 대한 보상이고 발견된 가치에 대한 정당한 요구입니다.

기업가정신은 본질적으로 이윤 창출의 기회를 발견하고 개척하며 이를 통해 경제 발전의 원동력이 됩니다. 기업가정신의 첫 번째 특징은 반드시 혁신적이라는 것입니다. 다른 사람들이 일상적으로 하는 일에서는 기업 이윤이 만들어질 수 없기 때문입니다. 그래서 경제적 이윤을 만들어낼 수 있는 새로운 방법을 도입해야 합니다. 둘째, 기업가정신은 창조적이어야 합니다. 이윤은 재화를 좀 더 가치 있게 쓰는 과정에서 만들어지고 이것이 부를 증가시키기 때문입니다. 셋째, 기업가정신은 더 생산적이 되는 학습 과정입니다. 기업가는 혁신을 통해 부를 창조하는 방법을 배우기 때문에 늘 학습하는 과정에 있습니다.

　모든 사물을 열린 생각으로 봐야 혁신·창조, 학습의 기업가정신을 이해할 수 있습니다. 그럼으로써 사물의 다양한 용도와 가치를 발견하고 학습할 수 있습니다. 어떤 사물의 경제적 중요성과 가치는 시간과 보는 사람의 지식 수준에 따라 달라질 수 있습니다. 사물의 값진 용도에 대하여 아는 사람에게는 그 사물이 보물이 되지만 그것을 알지 못하는 사람에게는 쓰레기가 될 수 있습니다. 예를 들어 19세기에 아프리카 원주민들에게는 다이아몬드 원석이 장난감에 지나지 않았지만 영국 탐험가에게는 비싼 보석이 되었습니다. 또 19세기 말까지 중동 지방에서는 땅에서 솟아나오는 악취 나는 흑갈색의 액체를 구역질나는, 백해무익한 것으로 보았습니다. 하지만 그 액체가 내연기관의 연료로 가공될 수 있다는 것을 안 미국인에게는 그것이 '검은 황금'으로 보였습니다.

　우리는 모두 기업가정신을 가지고 있습니다. 모든 사람이 주어진 환경 아래서 각자 최선을 다하여 최선의 결과를 얻으려 노력하고 보다 좋은 방법을 찾아내면 그 방법을 이용하려고 할 것이기 때문입니다. 그렇지만 기업가정신이라는 용어는 개인이나 기업이라는 조직을 통해서 상당한 경제적 이윤의 기회를 발견하고 이로써 부를 창출하고 많은 사람이 혜택을 얻어서 다른 사람들이 따라하게 되는 경우에 사용합니다. 많은 사람에게 혜택을 준다는 점에서 기업가정신은 홍익인간정신과 닿아 있습니다.

기업가정신과 경쟁은 무한정으로 부를 축적하도록 내버려두지 않습니다. 마차를 공급하여 큰 돈을 번 사람이 있다면 한편에서는 새로운 기술 개발로 그 마차보다 더 값싸고 질이 좋은 자동차, 기차와 같은 제품을 만드는 혁신가가 등장합니다. 자동차와 기차가 등장하면 더 이상 마차로는 큰 돈을 벌 수 없지요. 기업가정신과 경쟁은 이렇게 경쟁자들이 기존의 부자를 추격하고 따라잡는 과정에서 중요한 역할을 합니다.

사업에 실패한 사람, 학력이 많지 않은 사람 혹은 가난한 사람들도 혁신 경쟁에서 기존의 부자보다 불리하지 않습니다. 기업가정신에는 '헝그리 정신'이 강력하게 작용하기 때문입니다. 가난한 집안에서 태어나고 배우지 못했지만 큰 부자가 된 사람의 예는 많습니다. 우리나라의 현대그룹을 세운 고 정주영 회장이 그랬고 마이크로소프트사를 설립한 미국의 빌 게이츠도 돈 한 푼 없이 시작한 사람들입니다. 이들을 큰 부자로 만든 것은 다름 아닌 기업가정신이었습니다.

6. 기업가 이윤은 정당한가

기업가가 이윤을 차지하는 것은 정당할까요? 당연히 정당합니다. 기업가 이윤은 기업가가 새로운 부를 창출하는 기회를 발견함으로써 얻을 수 있습니다. 거기서 발생하는 이윤은 기업가의 창조물이므로 당연히 정당한 것입니다. 기업가는 어떤 사물이 다른 사람들이 알고 있는 것보다 더 높은 가치와 용도가 있다는 것을 발견함으로써 이윤을 만들어냅니다. 기업가 이윤은 우수한 지식과 정보에서 비롯되는 것이지요.

많은 사람이 기업가의 이윤이 정당하지 못하다고 의심합니다. 이런 의심은 기업가 이윤에 대해 잘 모르기 때문에 생기는 것입니다. 누군가가 공정한 수단으로 이윤을 만들었다는 것은 그 누군가가 다른 사람들이 알지 못한 무엇인가를 알았다는 것입니다. 일단 이 점을 인정해야 합니다. 그런데 많은 사람이 이 점을 인정하려 하지 않습니다. 기업가가 뭔가 부정한 수단을 썼을 것이라 생각하고 그 '부정한 수단'을 찾아내는 것이 사회 정의라고 오해하고 있습니다. 이런 오해를 해결하지 않으면 기업가정신은 제대로 발휘될 수 없고 장기적으로는 모두가 고통을 받게 될 것입니다.

'사회적 정의'에 대한 요구에 맞서려면 기업가 이윤이 정당하다고 확신을 갖고 주장해야 합니다. 모두가 기업가인 우리 중 누구에게나 이윤을 만들어낼 기회가 찾아올 수 있습니다. 다른 사람은 찾지 못한, 어떤 사물의 가치를 발견해냈을 때 이윤이 생기는 것이니까요. 그 발견에 대한 대가인 이윤이 정당하지 못할 이유는 어디에도 없습니다.

7. 기업가정신과 정부의 정책

시장경제를 역동적으로 움직이게 하기 위해 정부는 어떤 역할을 해야 할까요? 정부는 스스로 기업가가 되는 것이 아니라 모든 기업가가 기업가정신을 발휘하여 자유롭게 밤낮으로 새로운 부를 만들어낼 수 있도록 도와야 합니다. 따라서 정부는 정치인들이 대중의 인기에 기대는 쪽으로 자원을 재분배하지 못하도록 과감한 개혁을 해야 합니다. 또 경제에 대한 정부의 간섭을 줄여 부정부패를 막고 공무원들의 애국심을 키워서 정부 자체의 효율성을 높여야 합니다. 국민 모두에게 정당한 기업 이윤과 정당하지 못한 부의 축적이 다르다는 것을 인식시킬 필요도 있습니다. 정당하지 못한 부는 대부분 경제가 정치와 손을 잡고 부정을 저지르는 정경유착, 부정부패로부터 만들어집니다.

정부가 원가를 통제하는 등 시장 가격을 형성하는 데 나서는 것은 옳지 않습니다. 언뜻 보면 이런 정부의 행동이 잘 하는 것처럼 보입니다. 그러나 시장 가격은 공급자와 소비자 양쪽에서 서로 작용하여 만들어져야 합니다. 시장 가격은 공급자와 소비자가 서로 그 가격에 합의하고 거래해야만 비로소 형성됩니다. 원가 공개 등으로 가격을 통제하려는 것은 시장에서 그 상품이나 서비스를 중단하거나 줄이고 상품의 질을 낮출 뿐입니다. 또 정부의 가격 통제는 기업가정신을 말살할 수도 있습니다. 가격을 낮추고 싶다면 새로운 기술의 개발과 혁신, 기업 사이의 치열한 경쟁을 도모해야 합니다.

8. 자본주의 시장경제 체제와 홍익경제

[물음]
자본주의와 사회주의, 이 두 체제의 본질적 차이는 무엇인가요?

[답변]
두 체제의 가장 근본적인 차이는 경제 문제의 해결을 자생적 시장질서에 맡기는가, 아니면 소수의 엘리트들의 계획에 맡기는가입니다.

홍익경제는 자유민주주의와 자본주의 자유시장경제 체제에서 꽃을 피울 수 있습니다. 왜냐하면 자본주의 시장경제가 인간의 필요를 충족시킨다는 의미에서 가장 우월한 제도라는 것이 역사적으로 증명되었기 때문입니다.

사회주의에서는 근로자와 농민이 고르게 잘 사는 세상을 만든다고 주장합니다. 역사적으로 보았을 때 그 결과는 반대로 나타났습니다. 사회주의에서는 모두에게 가진 것을 고르게 나누어 준다고 하지만 기업인들에게 우호적이지 않으며 지식인을 홀대하고 종교를 박해합니다. 그런 사회는 발전할 수 없기 때문에 고르게 잘 산다는 이상은 절대 실현될 수 없습니다. 능력에 따라 일하고 필요에 따라 분배받아 쓴다는 사회주의의 의도는 좋아 보입니다. 하지만 정보, 집행 능력, 체제 운영 집단이나 도덕성의 문제 때문에 분배의 이상을 실현한 예가 없습니다.

반면에 자본주의 시장경제는 시장 자체에 동기를 부여하는 차별화 기능이 있어 노력을 이끌어내고 분배가 이루어집니다. 그래서 시장에서의 노력과 기여에 따른 분배는 가장 공정한 분배라 할 수 있습니다. 물론 시장경제라는 경기에서 탈락한 사람과 경기에 처음부터 참여하지 못한 사람에 대한 배려는 반드시 필요합니다.

사유재산 제도, 경제 선택의 자유, 기여에 따른 분배 등에 기초한 자본주의 시장경제에 대립되는 것은 사회주의 계획경제입니다. 사회주의 경제 체제에서는 정부의 경제 담당자가 모든 기능을 수행합니다. 자본주의 시장경제 체제에서는 사유재산제와 개인의 선택에 입각하여 수많은 가계·기업 및 정부가 각각 의사결정을 하고 시장에서 자유로운 경쟁을 펼칩니다. 그래서 무엇을, 어떻게 누구를 위하여 생산할 것인가와 같은 핵심적이고 기본적인 경제 문제를 해결하여 사회 구성원의 복지를 최대로 증진시키고자 하는 경제 체제입니다.

자본주의 시장경제는 시장 및 가격에 의해 경제 문제가 해결됩니다. 그러나 시장과 정부로 구성된 현대의 혼합경제 체제에서는 안전·보호의 기능과 시장실패를 바로잡는 등의 정부의 역할이 강조됩니다. 그렇기 때문에 정부도 실패할 수 있다는 균형 있는 시각이 필요합니다.

정치·경제·사회적 안정이 이뤄져야 경제 발전과 문화의 창달이 가능합니다. 따라서 정부는, 정부의 보호 기능이 경제 번영의 필수 요건임을 국민들에게 알리고 협력하도록 해야 합니다. 즉, 시장경제에서 시장이 제대로 움직이게 하려면 국토 방위, 치안 질서 유지, 사유재산권의 보호 등 정부의 보호 기능이 확실히 시행되어야 합니다.

9. 경제 성장과 기업의 기능

[물음]
경제 발전을 위해 기업은 어떤 기능을 하나요?

[답변]
기업은 다음과 같은 기능을 통해 경제 발전에 기여합니다.
1. 국민을 먹여 살리며 국부를 만들어낸다.
2. 제품을 생산하고 판매하여 번 돈을 관리하고 늘려간다.
3. 인간의 능력을 키우고 발휘하게 하며 수많은 사람의 힘을 한데 뭉치게 한다.

4. 일자리를 창출한다.
5. 정부 수입의 대부분인 조세 수입과 세금 외의 수입의 원천이 된다.
6. 정치 민주화를 주도한다.
7. 범세계적 인재를 많이 키워 인적 자본을 축적하게 한다.
8. 경제 전쟁의 투사이며 수출 전선의 첨병이며 세계화의 주역이다.
9. 사회 질병을 예방한다.

　국부를 직접 만드는 것은 정치가나 민주화 인사가 아니라 기업 경영인입니다. 기업 경영인이 의욕을 잃으면 기업이 경쟁력을 잃고 나라 경제도 경쟁력을 잃어버립니다. 국민을 먹여 살리는 것은 기업입니다.
　기업의 기능은 다음과 같습니다. 첫째, 기업이 생활에 필요한 재화와 서비스를 생산하는 과정에서 소득이 발생하므로 국민소득은 대부분 기업에서 나오고 국민을 먹여 살리며 국부를 만들어 냅니다. 둘째, 제품을 생산하고 판매하여 번 돈을 관리하고 늘려 갑니다. 셋째, 기업은 인적·물적 자원을 꿰어서 보배로 만드는 역할, 즉 인간의 능력을 키우고 발휘하게 하며 수많은 사람의 힘을 한데 뭉치게 합니다. 넷째, 기업은 일자리를 창출하므로 최고의 구빈기관(사람들을 가난에서 벗어나게 하는 기관)의 역할을 합니다. 다섯째, 기업은 정부 수입의 대부분인 조세 수입과 세금 외의 수입의 원천입니다. 세외 수입은 수수료, 입장료, 벌과금 등을 말합니다. 여섯째, 기업이 경제 발전을 이끌었고 경제 발전이 민주화를 촉진시켰기 때문에 기업이 정치 민주화를 주도했다고 할 수 있습니다. 일곱째, 기업은 범세계적 인재를 가장 많이 키워 인적 자본을 축적하게 합니다. 여덟째, 기업은 정보를 수집하고 기회를 붙잡아 실행하는 경제 전쟁의 투사이며 수출 전선의 가장 앞에 서는 첨병이며 세계화의 주역입니다. 아홉째, 기업은 사회 질병도 예방합니다. 기업이 고성장할 때는 일자리가 많기 때문에 사람들이 실업 걱정을 하지 않아 민심이 안정됩니다. 그러나 가난한 나라는 실업자, 환자, 불평분자, 범죄자가 많아 사회가 불안합니다. 병든 사회가 되지 않도록 예방하거나 병을 고치는 가장 좋은 방법은 기업의 활성화를 통한 일자리 창출입니다.

10. 중소기업과 대기업

중소기업의 일반적인 기능은 다음과 같습니다. 첫째, 전문화한 서비스를 생산하고 공급합니다. 둘째, 국가 경제를 유연하게 해줍니다. 대기업보다는 설립도 쉽고 잘 안 될 때는 큰 부담 없이 문을 닫을 수 있습니다. 셋째, 중소기업의 업종은 대부분 노동 집약적이므로 새로운 일자리는 대기업보다 많이 만들 수 있습니다. 넷째, 자유기업경제 발전에 필수적이고 혁신적이며 모험심 있는 기업 경영인을 키워내는 훈련장의 역할을 합니다. 다섯째, 출판회사나 제약업체들처럼 대기업과 치열한 경쟁을 할 경우 대기업의 경쟁력을 높여줍니다. 여섯째, 창업을 통한 사업의 보람과 만족감을 얻을 수 있게 해줍니다.

그에 비해 대기업의 기능은 크게 네 가지로 나누어 볼 수 있습니다. 첫째, 철강·조선·자동차·반도체 등의 산업에 필요한 대규모 금융 자본과 물적·인적 자본을 제공하는 것입니다. 우리나라에서는 1970년대부터 대기업이 중화학공업을 이끌어왔습니다. 둘째, 대기업은 기술을 받아들이고 일상적으로 사용하는 것과 관련된 학습 중심지 역할을 합니다. 셋째, 협력업체들과 형성하는 망의 중심 역할을 합니다. 넷째, 국가 경제 체제의 개발을 촉진합니다.

일반적으로 선진국일수록 성공적인 대기업을 많이 보유하고 있습니다. 후진국은 기업의 수도 적고 규모도 작지요. 경제 선진국인 미국, 일본, 독일은 대·중·소 기업의 수가 모두 많고 튼튼합니다. 미국은 소기업이 많습니다. 이들이 잘 성장하여 중기업이 되고 중기업이 잘 성장하여 대기업이 되는, 크고 보기 좋은 피라미드형을 나타냅니다. 독일은 중기업이 특히 튼튼합니다.

11. 시장의 기능

　자본주의 시장경제에서는 무엇을 어떻게 누구를 위해 생산할 것인가에 관한 대부분의 결정이 시장에서 이루어집니다. 이 시장은 개별 소비자, 기업, 정부, 비정부 기구와 같은 서로 다른 조직이 구성하고 있습니다. 시장경제가 가지고 있는 핵심적 특징은 다음과 같습니다.

　첫째, 시장에서의 가격은 대부분 개인과 기업에 의해 자유롭게 결정됩니다. 사회주의 계획경제에서는 대부분의 가격이 정부에 의해 정해집니다. 그래서 경제가 비효율적이 되기도 합니다. 1990년 소련이 붕괴하기 전의 상황을 예로 들 수 있습니다. 당시 사료 가격이 빵 값보다 비싸게 책정되어 가축에게 빵을 먹이는 일이 발생한 것이지요. 빵은 사료보다 더 많은 공정이 필요한 제품이므로 이런 상황은 경제적으로 비효율적이라 할 수 있습니다.

　둘째, 사유재산권은 시장경제의 또 다른 핵심 요소입니다. 사유재산권은 개인들에게 토지를 비롯하여 기타 자원들을 소유하거나 팔 수 있는 법적 권리를 보장합니다. 사유재산권이 없다면 사람들은 자신의 소득이나 재화를 보호하는 데 많은 시간과 노력을 기울여야 할 것입니다. 또 사유재산권이 없다면 사람들은 이익을 얻으려 하지 않을 것입니다. 이익을 얻어봤자 자기 것으로 지킬 수도 없기 때문입니다.

시장경제에서는 자유롭게 결정되는 가격이 무엇을, 어떻게, 누구를 위하여 생산하는가를 결정하는 데 핵심적인 역할을 합니다. 가격과 시장은 다음과 같은 역할과 특징을 가지고 있습니다.

① 가격은 소비자들의 기호나 기술의 변화가 일어날 때 무엇이 생산되어야 하는가에 대한 신호를 보내는 역할을 합니다.

② 가격은 사람들이 생산이 소비를 바꾸도록 하는 동기를 제공합니다.

③ 가격은 소득분배에 영향을 줍니다.

④ 시장의 중요한 기능은 정보를 처리하고, 조정하며, 동기를 부여하는 것입니다.

⑤ 시장은 기업과 개인의 이기적 행동을 끊임없이 길들이는

훈련장입니다.

⑥ 시장은 시장참여자들과 그들의 성과를 지속적으로 평가하여 보상함으로써 차별화합니다. 시장은 항상 스스로 노력하고 성공하는 주체만을 골라 우대함으로써 그들이 잘 적응하도록 하고 더 많이 지원하는 차별화 장치이지요.

⑦ 시장경제는 수평적 관계를 기초로 하는 시장과 수직적 명령을 기초로 하는 기업 및 정부 같은 조직으로 구성됩니다.

⑧ 시장은 끊임없는 경제적 차별 장치일 뿐만 아니라 경제적 차별화의 축소판입니다. 거의 모든 시장참여자들은 경제적 차별화를 통해 서로의 가치를 결정합니다.

제5장

우리나라의 경제 발전은 어떻게 이루어졌을까

1. 우리나라의 경제 목표

[물음]
우리나라의 경제 목표는 무엇이며 이를 달성하기 위해서는 어떻게 해야 하나요?

[답변]
우리나라의 경제 목표는 경제 성장, 경제 안정, 형평 및 삶의 질 향상입니다. 경제 목표를 달성하기 위해서는 인적 자본, 물적 자본, 지형 등 각종 자원을 효율적으로 활용해야 합니다. 국가 자원을 잘 활용하기 위해서는 범세계적 경쟁력이 있는 기업을 많이 만들어야 합니다. 또 이를 위해서는 전략을 잘 세워야 하지요.

첫째 경제 목표인 경제 성장은 누구나 좋은 직업을 구해 소득과 재산이 늘어 생활 수준이 향상되는 것을 의미합니다. 경제 성장으로 일자리가 늘어나는 것은 누구나 바라는 일입니다. 그것은 개인이 속한 가정의 행복을 의미하기도 합니다. 북한과 맞서고 있고 미국, 중국, 일본, 러시아 등 강한 나라들 틈에서 살아가야 하는 우리나라는 국가 안보 차원에서도 반드시 경제 성장을 이뤄야 합니다.

둘째 목표인 경제 안정은 고용, 물가, 국제수지의 안정을 의미합니다. 국제수지는 수출과 수입을 통해 한 나라의 수입과 지출이 어떻게 구성되는가를 보는 것입니다. 즉, 한 나라가 다른 나라와 거래하여 외화를 벌어들이거나 지급한 것을 계산한 것이지요. 사람들은 실업률이 높거나 물가가 치솟거나 국제수지 적자가 계속되면 불안해합니다. 나라 경제가 불안하면 범죄율이 높아지고 질병이나 자살이 많아집니다. 경제 불안정이 정치·사회 불안정으로 이어지는 것입니다.

셋째 목표인 형평은 소득이나 재산을 획득할 수 있는 교육과 같은 기회의 평등을 의미합니다. 경제적 능력을 상실한 사람들에게 최저생활을 보장하여 절대적 궁핍에 빠지지 않도록 사회안전망을 제공합니다. 그러나 결과의 평등을 꾀하는 것은 아닙니다. 예를 들어 유치원생과 대학생에게 똑같이 돈을 나누어주는 것이 결과의 평등입니다. 그러나 유치원생이 자라나 대학생이 될 수 있도록 해주는 것이 기회의 평등입니다. 국민 모두 소득과 재산이 같도록 하겠다는 것은 공산주의식 평등입니다.

넷째 목표는 삶의 질 향상입니다. 이는 소득의 증가로 더 좋은 품질의 재화를 소비할 수 있도록 하는 것입니다. 경제 성장은 삶의 질을 향상시킵니다.

이상의 4대 경제 목표는 모두 중요하고 서로 긴밀하게 연결되어 있습니다. 나라 경제는 안정된 가운데 경제 성장을 잘 하고, 형평이 이루어질 때 삶의 질이 향상됩니다. 그러나 이런 요소들이 한꺼번에 다 달성되지 않을 수도 있습니다. 우리나라는 고도 성장기에 성장 문제는 잘 해결했지만 국제수지는 늘 적자였습니다. 경제도 안정되지 않아 에너지 파동, 부동산 가격 폭등, 농산물 가격 파동 등이 수시로 발생했습니다. 어느 나라나 네 가지 목표를 다 달성하기는 어렵습니다. 또 달성했다 하더라도 지속하는 것은 보장할 수 없습니다. 이 네 가지 목표를 장기적으로 다 누릴 수 있는 나라가 범세계적 경쟁력을 지닌 나라입니다.

2. 일제강점기의 산업 발전

일제강점기 일본은 한반도에 독자적인 산업 구조가 아닌 식민지 경영의 틀에 맞는 산업 구조를 강요했습니다. 또 한반도를 자기네 나라 제품의 판매 시장 및 식량, 원료 등을 대주는 조달 시장으로 기능을 하게 했습니다. 남쪽에는 쌀과 섬유를 비롯한 농업과 경공업을, 북쪽에는 거대한 수력발전소에서 생산되는 전기와 풍부한 지하자원을 이용하는 중공업을 육성했습니다. 이른바 남농북공南農北工의 기형적인 산업 구조를 만든 것입니다.

해방 직전 발전설비 총용량은 약 172만 킬로와트였습니다. 이 중 남한은 11.5%, 북한은 88.5%를 차지했고 흥남질소비료공장, 고주파공장, 조선인조섬유 같은 거대 산업시설이 북한에 건설되었습니다. 흥남질소비료공장에서 생산되는 비료는 경원선, 경부선, 호남선 등을 통해 곡창지대에 공급되었습니다. 국내뿐만 아니라 일제가 점령하고 있던 만주 일대까지 공급되었습니다.

반면에 남한에는 소규모 경공업 시설을 만들었습니다. 조선맥주, 소화 기린맥주, 조선유지, 태창 직물 등 북한 전력으로 가동되는 시설들이었습니다. 당시 중공업 시설은 남한에 21%, 북한에 79%가 있었습니다. 금속공업은 90%가 북한에 있었고 방직공업의 생산은 85%가 남한에서 이루어졌지요. 유연탄, 무연탄, 흑연, 중석 등 금속 기계공업에 반드시 필요한 지하자원은 거의 북한에 매장되어 있었습니다.

3. 해방 후 인적 자본 축적과 토지개혁

일본으로부터 해방되면서 일시적으로 생산활동이 중단되었습니다. 이후 갑작스럽게 국토가 남한과 북한으로 분단되면서 민족과 시장이 나뉜 것은 물론 북한에서 오던 지하자원과 에너지 공급도 끊겼습니다. 이런 날벼락 같은 상황에서도 1948년 8월 15일 대한민국이 건국되었습니다. 그해 9월 이승만 대통령은 농업과 공업 균형의 산업국가 건설에 기본 방향을 둔다는 국정 운영 방침을 발표했습니다. 이를 위해 6대 정책 과제도 함께 발표했는데 식량 증산, 생필품 자급자족, 동력원 개발, 지하자원과 수산자원의 적극 개발, 교통 통신망의 조속한 복구, 황폐한 산림의 복구 등이 포함되었습니다.

그러나 1950년 6·25전쟁으로 남한 산업시설의 2/3가 파괴되었습니다. 이 기간에 일어난 두 가지 눈여겨볼 사건은 인적 자본의 축적과 토지개혁입니다. 교육은 인적 자본을 축적시키고 사회경제적 통합과 현대화를 촉진합니다. 그래서 경제가 발전하는 데 교육은 큰 역할을 합니다. 해방 후 우리 정부가 이룩한 중요한 업적은 인적 자본에 많은 투자를 했다는 점입니다.

우리나라의 비문해율(글을 읽지 못하는 국민의 비율)은 1945년에 86.6%였습니다. 그런데 1950년 6월 1일부터 의무교육이 시행되면서 비문해자의 비율은 눈에 띠게 줄어들었습니다. 지금은 비문해자를 거의 찾아볼 수 없을 정도입니다. 헌법은 1948년에, 교육법은 그 다음해인 1949년에 제정·공포되었습니다.

1950년대 대한민국 정부 정책의 핵심은 농업 발전과 토지개혁이었습니다. 정부는 1949~1950년에 걸쳐 토지개혁을 성공적으로 실행했습니다. 토지개혁으로 시골의 지주들은 도시 사업에 종사할 수 있게 되었고 소규모 농사를 짓거나 남의 땅을 빌려 농사를 짓는 소작인들은 자신들의 재산을 얻게 되었습니다. 토지개혁은 소득분배 구조를 크게 개선시켰고 인적 자본을 축적하게 했습니다. 또 토지를 효율적으로 이용하게 하여 생산성을 크게 증가시켰습니다.

1961년 우리나라는 1인당 GNP 85달러로 세계에서 가장 가난한 나라였습니다. 그 해 제1차 산업의 농림업 부문의 비중은 44.1%였고 제2차 산업인 광공업 및 건설업의 비중은 17.0%였습니다. 또 1960년대 초까지 우리의 수출은 GNP의 1~2% 수준이었습니다. 수출품목도 금속 광물, 농축산물, 생선, 돼지, 생사生絲(손질되지 않은 견섬유) 등 1차 생산품들이었습니다. 6·25전쟁 이후 수출과 국내 저축이 거의 없었기 때문에 우리나라를 다시 세우거나 먹고 살아가는 비용은 미국의 경제 원조로 충당했습니다.

4. 대한민국 경제 기적의 비결

[물음]
우리나라가 기적이라고 불릴 정도로 대단한 경제 성장을 이룰 수 있었던 비결은 무엇인가요?

[답변]
우리나라의 급속한 경제 성장의 주요한 비결로는 한미동맹으로 국가 안보와 정치·사회가 안정되었다는 점, 시장경제 체제를 선택했다는 점, 제도를 과감히 개혁했다는 점, 인적 자본과 기술 혁신에 대해 많은 투자를 했다는 점, 대외지향적 발전 전략을 수행했고 기업가정신이 발휘되었다는 점 등을 들 수 있습니다.

6.25라는 엄청난 전쟁을 치르고 미국의 경제 원조로 근근이 살아가던 대한민국은 1960년대 이후 놀라운 경제 성장을 했습니다. 변변한 자원도 없고 남북이 분단된 상태였던 우리나라는 짧은 기간 가난에서 벗어났고 북한과 러시아 경제를 앞질렀지요.

또 선진국들의 모임인 OECD에 가입할 수 있었고 수출 5천억 달러가 넘는 무역대국으로 성장했습니다.

우리나라의 산업화가 시작되던 1960년대와 1970년대의 평균 경제 성장률은 7%로, 3.5%였던 세계 경제 성장률의 두 배에 이르렀습니다. 1962년 104달러이던 1인당 국민소득은 2014년 27,970달러로 늘었습니다. 국내총생산(GDP) 규모는 1962년 298억 달러였다가 2014년 1조 2,387달러가 되었습니다. 1962년 37위이던 우리나라 경제 규모의 순위는 2014년 13위로 올라섰습니다.

우리의 경제 발전은 북한과 비교하면 더욱 큰 차이가 보입니다. 1962년 우리나라의 GDP 규모는 북한보다 약간 앞선 수준이었지만 1960년대 후반부터는 북한을 훨씬 앞질렀습니다. 1962년 북한에 못 미치던 1인당 GDP도 1970년 무렵 북한을 앞서기 시작하여 2010~2014년 남한의 1인당 GDP는 북한의 29배나 되었습니다.

이 기간의 수출 증가율은 연평균 16.2%나 되어 세계 수출 증가율의 약 1.6배였습니다. 우리나라의 수출 규모는 1961년 1.2억 달러에서 2014년 7,142억 달러로 5,951배나 증가했습니다. 1961년 56위이던 우리나라의 수출 규모 순위는 2010년 7위가 되었습니다.

이런 놀라운 성장을 일컬어 세계인은 '한강의 기적'이라고 불렀습니다. 우리나라가 기적이라고 불릴 정도로 대단한 경제 성장을 이룰 수 있었던 비결은 무엇일까요? 이제부터 그 비결의 내용을 하나하나 살펴보도록 하겠습니다.

1) 제도개혁과 기업가정신의 발휘

경제는 사람이 움직입니다. 개인이든 법인이든 인적·물적·지적 자본에 투자할지를 결정하는 것은 기업가정신의 문제입니다. 이런 의사결정은 그 사회의 가치관, 전통적 관행, 법령, 문화 등의 제도와 환경의 영향을 받습니다. 제도는 기업가정신과 성장을 연결하는 핵심고리이지요. 해방 이후 우리나라의 제도는 어떻게 개혁되었고 그것이 어떻게 기업가정신이 발휘되어 경제 성장으로 이어졌을까요?

1948년에 이뤄진 대한민국의 건국은 낡은 제도와의 확실한 단절이었고 새로운 탄생이었습니다. 1948년 이후 대한민국은 자유민주주의 체제를 채택하여 양반제도와 식민지 시대의 폐습을 뿌리 뽑았습니다. 또 남녀 평등 사상을 실현하여 인적 자본이 발휘될 수 있는 발판을 만들었습니다. 홍익인간을 교육의 기본 이념으로 하여 인적 자본을 형성하는 데 성공했습니다. 이렇게 만들어진 인적 자본은 경제 발전을 이끌어나가는 세력이 되었습니다.

자유민주주의와 시장경제 체제를 선택한 덕분에 기업가정신이 발휘되어 경제 발전의 발판이 만들어질 수 있게 되었습니다. 더구나 6.25전쟁 때 엄청나게 많은 인구가 공산주의를 피해 남쪽으로 내려왔는데 이들은 거의 지식 계급이거나 지주였습니다. 이런 상황은 남한의 지력을 엄청나게 향상시켰습니다. 또 기존 계급 구조를 완전히 해체했으며 "노력한 만큼 잘 살 수 있다"라는 생각을 경쟁적으로 가지게 했습니다.

의무교육제도를 도입하고 교육 기반을 탄탄히 다진 덕분에 거의 전 국민이 글자를 읽을 수 있게 되었고 인적 자본을 빠르게 늘려나갈 수 있었습니다. 또 농지개혁을 실시하여 스스로 농사를 짓는 사람이 토지를 소유할 수 있도록 했습니다. 이로써 농업 생산성이 향상되었고 민심을 안정시킬 수 있었습니다. 한미상호방위조약이 맺어져 국방과 안보에 대한 부담을 덜고 경제 개발에 국력을 집중할 수 있었습니다.

이와 같은 제도개혁으로 홍익인간이념이 널리 퍼지는 발판이 되는 인적 자본이 축적되었습니다. 또 기업가정신을 발휘할 수 있는 토대가 마련되어 혁신을 이루고 생산성을 높일 수 있었습니다. 기업가정신은 더 많은 기업가정신을 가능케 하는 환경을 조성합니다. 기업가정신과 경제 발전을 연결시키는 것이 이윤 기회의 발견입니다. 그러므로 기업가의 이윤이 높다는 것은 그 기업가가 그만큼 경제 성장에 기여한다는 의미가 됩니다.

2) 시장경제 체제의 선택과 강화

우리나라가 경제기적을 이룩할 수 있었던 가장 중요한 요인은 시장경제 체제를 선택한 것입니다. 시장경제 체제에서는 사유재산권이 보호되고 이런 상황에서 모든 경제주체들이 자기 책임 아래 자유롭게 경제활동을 할 수 있습니다.

1948년 8월에 건국된 대한민국 정부는 시장경제 체제를 선택했지만 제헌 헌법에는 경제적 자유를 제한하는 조항이 포함되어 있었습니다. 중요한 지하자원과 수산자원은 국가의 소유로 했고 운수·통신·금융·보험 등의 기업은 국영 또는 공영이었으며 대외무역은 국가가 통제했습니다. 또 개인 기업의 경영을 국가가 통제하거나 관리할 수 있었습니다.

이후 1954년 제3차 헌법 개정으로 경제활동의 자유가 확대되었습니다. 자원개발과 대외무역에 대한 국가의 통제도 완화하는 등 시장경제 체제를 강화했습니다. 그 대표적인 사례 중 하나는 적산을 민간인에게 판 것입니다. 적산이란 해방 전 일본인 소유였던 자산을 국가가 몰수하여 가지고 있던 것입니다. 또 하나는 일부 지주들만 소유하던 농지를 국가가 사들여 많은 농가와 농민들에게 좋은 조건으로 판 것입니다. 이로써 사유재산을 가진 인구가 크게 늘어났습니다. 또한 기존의 신분제도를 해체하여 많은 사람에게 능동적이고 적극적으로 경제활동에 참가하는 동기를 만들어주었습니다. 시장경제 체제는 박정희 정부의 제5차 헌법 개정과 경제개발 5개년계획을 거치면서 더욱 강화되고 충실해졌습니다.

그러나 시장경제원리가 확대 적용되는 동시에 반대 방향으로 진화된 부문도 있었습니다. 그것은 노동 부문이었습니다. 1987년 민주화운동의 일환으로 노동법이 개정되었고 여러 회사에서 노동조합이 만들어졌습니다. 이로 인해서 1988~1990년 사이 노동생산성은 연평균 3.8% 증가하는 데 그쳤지만 임금은 10.6%씩 올랐습니다. 뿐만 아니라 근로자의 해고도 어려워 고용의 유연성이 낮아졌지요. 고용의 유연성이란 임금과 근로시간, 노동력의 숙련 등을 탄력적으로 변화할 수 있게 하는 노동시장의 능력을 말합니다.

　1980년대 후반부터 1990년대 초까지 시장경제원리가 제대로 작동되지 못한 또 다른 이유는 금융개혁이 잘 이루어지지 못했던 점입니다. 이후 1997~1998년 극심한 외화 부족으로 외환위기를 맞이하게 되었습니다. 그래서 IMF와 G7(미국, 일본, 영국, 프랑스, 독일, 이탈리아, 캐나다)에 속한 선진 국가들에게 도움을 청했습니다. 그때 IMF와 G7국가들은 우리나라를 돕는 조건으로 몇 가지 정책과 제도를 개혁할 것을 요구했습니다.

　그들이 요구한 첫째 조건은 정리해고를 받아들여 노동시장을 유연하게 만들라는 것이었습니다. 그래서 우리나라는 1998년 정리해고법을 제정했습니다. 둘째, 우리나라의 자본시장을 대폭 개방하라는 것이었습니다. 이에 우리나라는 자본시장과 금융시장을 적극적으로 개방하여 외국인의 투자에 대한 제한을 제거했습니다. 셋째, 우리나라의 대기업 집단에 대한 특혜를 없애고 보다 엄격하고 투명한 지배 구조를 만들라는 것이었습니다. 그래서 우리나라는 부실기업을 정리했고 사외이사 제도를 받아들였으며 지배 구조를 개선하는 등 기업 경영 체제를 국제 기준에 맞게 개선했습니다.

결과적으로 우리나라는 IMF 등의 요구를 받아들여 금융뿐만 아니라 기업의 지배 구조와 노동시장에 이르기까지 글로벌 기준을 채택하게 되었습니다. 이것이 우리나라 경제가 보다 더 시장경제원리에 충실해지는 계기가 되었습니다.

시장경제 체제 아래서는 모든 경제주체가 자기의 노력으로 만들어지는 성과를 누릴 수 있습니다. 이로써 더욱 능동적이고 적극적으로 경제활동을 하려는 동기가 생깁니다. 그 결과 경제주체들은 시장에서 자유로운 거래로 서로 이익을 주고 정보를 처리하고 전문화한 경쟁은 생산성을 높이고 기술 개발을 촉진하게 됩니다.

또 어느 경제 체제나 생산자는 무엇을 어떻게 누구를 위하여 생산할 것인가를 결정해야 합니다. 그런데 그런 결정에는 불확실성 때문에 늘 위험이 따릅니다. 기업이 위험을 무릅쓰고 그런 역할을 하는 이유는 그 결정에서 이윤이 발생하기 때문입니다. 시장경제 체제 아래서는 그 이윤은 전적으로 기업가의 몫입니다. 대신 손실이 생겨도 당연히 기업가가 책임을 지게 됩니다. 기업가들이 이런 역할을 하는 과정에서 여러 생산 요소의 생산성을 높이고 결과적으로 전체 경제 성장을 촉진하여 모든 사람이 혜택을 얻게 합니다. 이것이 바로 홍익경제입니다.

더구나 시장경제 체제에서는 개인이 재산을 자유롭게 소유할 수 있고 자유로운 경제활동도 보장받습니다. 이것이 경제 발전을 촉진하여 정치적으로 자유민주주의를 발전시킵니다. 자유민주주의의 발전은 개인의 자유와 권익을 더 크게 만들어줄 뿐만 아니라 창의성을 북돋아 정치·경제·사회·문화 모든 분야의 발전이 잘 이뤄지도록 합니다.

하지만 사회주의 체제에서는 이윤을 얻는 것을 죄악처럼 생각하지요. 뿐만 아니라 기업이 벌어들이는 이윤을 국가가 가져가기 때문에 기업가들이 존재할 수 없습니다. 그래서 전체 경제의 성장과 발전이 이뤄지기 어렵게 됩니다.

3) 인적 자본과 기술에 대한 과감한 투자

우리나라가 빠르게 경제 성장을 이룰 수 있던 요인 중 하나는 인적 자본과 기술에 대해 많은 투자를 한 것입니다. 우리나라의 가장 우수하고 풍부한 자원은 사람이고 어떤 일이 성공하는가 그렇지 못한가는 모두 사람에 달려 있다고 볼 수 있습니다. 따라서 인적 자본에 집중적으로 투자하는 것이 무엇보다 중요합니다. 인적 자본은 지식 자본과 정신 자본으로 이루어져 있습니다. 교육과 훈련을 통해서 이런 인적 자본이 축적되고 질적으로 개선됩니다.

우리나라는 전통적으로 홍익인간의 교화정신과 유교의 영향을 받아서 교육을 중요하게 생각합니다. 유교 사회에서는 학문을 열심히 해야 신분 상승을 이룰 수 있었기 때문입니다. 이런 전통적 사상이 더욱 강해진 것은 1948~1950년 사이에 실시된 토지개혁으로 지주 계급이 완전히 무너진 것과 관련이 있습니다. 예전에는 토지를 많이 가지고 있으면 교육을 받지 않아도 일생동안 부족함 없이 먹고 살 수 있었습니다. 그런데 토지개혁으로 그런 기반을 잃게 된 지주 계급은 새로운 일자리를 찾을 수 있는 현대 교육에 집중하기 시작한 것입니다. 1948년 건국과 더불어 들여온 민주주의도 교육에 대한 수요를 부추겨 국민 모두 교육을 통한 신분 상승을 꾀하게 되었습니다.

1948년 제헌 헌법에는 모든 국민이 교육을 받을 권리가 있고 초등학교는 무상으로 의무교육한다는 내용을 담았습니다. 이승만 정부가 총력을 기울인 것은 홍익인간 교육 이념에 바탕을 둔 교육이었습니다. 당시 정부는 교육 부문에 많은 투자를 하여 글 모르는 사람이 없도록 하고 고급 인재를 키워나가는 등 산업 사회가 요구하는 인력을 대량으로 배출하는 체제를 만들었습니다.

초등의무교육은 1950년부터 시작되었습니다. 그 해 일어난 6.25전쟁 중에도 교육을 그치지 않았습니다. 덕분에 1945년 해방 직후 64%에 지나지 않던 초등학교 취학률이 1950년대 후반에는 90%에 이르러 선진국 수준에 달했습니다. 더 나아가 1965년에는 92%, 1990년대에는 100%로 세계 최고가 되었습니다.

1985년부터는 중학교에서도 의무교육을 실시했고 이에 힘입어 고등학교 진학률도 꾸준히 상승해 선진국에 뒤지지 않는 수준이 되었습니다. 또 대학 진학률도 크게 증가하여 2012년에는 고등학교 졸업생의 79%가 대학 등 고등교육기관에 진학했습니다. 25~64세의 생산가능인구의 고등교육 이수율은 41%인데 이는 OECD 평균인 33%에 비해 아주 높은 수준입니다.

우리나라 교육 수준의 향상은 정부가 교육에 대한 지출을 지속적으로 늘린 결과입니다. 이렇게 교육 투자를 늘리고 인적 자본의 질이 높아지면서 우리나라의 기술 혁신이 촉진되었습니다. 이는 급속한 경제 성장과 산업 발전을 이끈 것은 물론 국제화에도 크게 기여했습니다.

1960~1970년대 우리나라의 기술 개발은 주로 정부 주도로 이루어졌습니다. 민간 부문의 역량이 부족했기 때문입니다. 정부는 국내 기술 발전의 바탕을 만들기 위해 1966년 한국과학기

술연구소(KIST)를 설립했습니다. KIST에는 한국 유학생 출신 중 실용 기술을 연구하는 전문가를 우선적으로 데려왔습니다. 국내 기술 개발은 물론 수출산업에 필요한 실용적인 기술을 선진국으로부터 들여와 우리 것으로 만들기 위해서였습니다.

1971년에는 국내 고급 연구 인력을 키우기 위해 이공계 특수 대학원인 한국과학원(KAIST)를 새로 만들고 1974년에는 대덕연구단지의 공사를 시작했습니다. 이 연구단지의 목표는 연구기관과 교육기관을 연계한 공동연구 등을 통한 세계적 수준의 두뇌도시를 이루는 것이었습니다.

정부는 1981년 기술개발촉진법을 고쳐서 국가의 대형 연구개발 사업에 국책연구소뿐만 아니라 민간기업연구소도 참여할 수 있게 했습니다. 이는 연구소 설립 운영에 대한 기업의 부담과 위험을 줄여 기업이 연구소를 만들게 하는 계기가 되었습니다. 1970년대까지 기술 혁신을 이룰 밑바탕이 없었던 민간 부문의 연구 활동은 1980년대부터 활발해지기 시작했습니다. 기업의 연구개발을 활발하게 만들기 위한 재정 및 조세 지원 정책이 마련되고 기업의 기술 혁신 역량이 축적된 결과입니다.

4) 대외지향적 발전 전략 수행

우리나라 경제가 기적적으로 발전하게 된 주요 요인으로 대외지향적 발전 전략을 꼽을 수 있습니다. 이는 수입대체와 수출진흥을 나란히 이끌어간 수출주도형 정책이었습니다. 수입대체는 외국으로부터 수입하던 재화를 국내에서 직접 생산하여 수입을 대신하는 것을 말합니다. 우리나라의 경우 각 분야의 산업화에 눈뜨기 시작한 것은 1955년부터입니다. 그 이전 우리나라 산업사에 중대한 의미를 갖는 대표적인 수입대체산업이 두 가지 있습니다. 그것은 철강공장 건설과 제일제당 부산공장 건설입니다.

이승만 대통령은 철강공업이 산업문명의 핵심임을 깨닫고 1953년 4월 철강산업 진흥책을 마련하라는 특별 지시를 내렸습니다. 이로써 1956년 제강공장이 만들어져 1959년부터 본격적인 생산을 할 수 있게 되었습니다. 외국에서 돈을 빌리지 않고 우리 자본으로 제강공장을 건설한 것입니다. 이 공장에서 수많은 기술자와 관리자를 뽑아 나랏돈으로 독일로 유학을 보냈고 이들이 돌아와 나중에 포항제철 건설에 참여하여 신화의 주인공이 되기도 했습니다.

제일제당을 세운 사람은 이병철입니다. 그는 6.25전쟁 때인

1951년 부산에 삼성물산이라는 회사를 차렸습니다. 그 회사에서 고철과 탄피를 수출하고 생활필수품과 의약품을 수입하여 파는 무역업을 하여 많은 돈을 벌었습니다. 이병철은 그 돈으로 1953년 제당공장을 세웠습니다. 100% 수입에 의존하던 설탕을 생산하기 위해서였습니다.

1950년대에는 경공업 제품에 대한 수입대체 정책을 시행했지만 1962년부터는 수입대체 정책과 수출진흥 정책을 함께 실시했습니다. 수출진흥 덕분에 외화 부족을 막을 수 있었지요. 1960년대에는 경공업 제품 수출 중심의 발전 전략이 실시되었습니다. 풍부한 저임금 노동력을 활용한 노동 집약적 경공업을 확대한 것입니다. 이런 것들이 한강의 기적의 바탕을 이루게 되었습니다.

전쟁 후 상처를 복구하고 경제를 다시 일으키는 일이 한창이던 1955년 8월, 우리나라는 IMF(국제통화기금)와 IBRD(국제부흥개발은행)에 가입했습니다. 또 1967년에는 GATT(관세 및 무역에 관한 일반협정)에 가입하여 글로벌 경제 체제에 편입되었습니다. 이는 대외지향 정책을 성공적으로 수행하는 데 큰 힘이 되었습니다. 그들로부터 많은 자문과 지원을 받을 수 있었고 이것들이 다시 수출 진흥에 크게 기여했습니다.

2000년대 이후 우리나라의 대외지향 정책은 FTA(자유무역협정)의 확대로 요약됩니다. 우리나라는 2004년 한·칠레FTA를 시작으로, 2015년 말 기준 53개 나라와의 FTA가 발효 중입니다. 우리나라가 아시아에서는 유일하게, 세계 경제에서 가장 큰 시장인 EU(유럽연합), 미국, 중국과 모두 높은 수준의 FTA를 맺었다는 것도 기대할만한 일입니다.

5) 국가 안보와 정치·사회적 안정

경제가 발전하려면 국가의 안전보장과 정치·사회적 안정이 반드시 이뤄져야 합니다. 1953년 7월에 맺은 한미동맹은 우리나라가 안전보장과 정치·사회적 안정을 이루는 데 절대적인 기여를 했습니다. 더구나 그에 따른 미국의 경제 원조와 정책 자문, 인적 자본 개발 등의 지원은 오늘날 우리나라를 있게 한 원동력이 되었습니다.

한미동맹의 가치는 값으로 따지기 어려울 정도로 엄청난 것입니다. 이는 우리 경제의 성공에 여섯 가지 측면에서 큰 도움이 되었습니다.

첫째, 우리나라 경제 발전에 가장 중요한 요소인 한반도와 주변의 평화 유지 및 우리의 민주화에 큰 도움이 되었습니다.

둘째, 미국의 확고한 대 한국 방위 보장에 힘입어 우리나라는 1970년대 전반까지 GNP의 4%라는 낮은 비용으로 평화와 안전보장을 효과적으로 유지할 수 있었습니다. 덕분에 경제 개발에 힘을 집중할 수 있었던 것입니다.

셋째, 우리나라가 1970년대 초기까지 미국에서 받은 막대한 재정 원조는 재정 균형을 유지하는 데, 또 경제가 도약하는 데 큰 기여를 했습니다.

넷째, 1950~1960년대 우리나라의 인적 자본 축적에 많은 도움을 주었습니다.

다섯째, 미국 정부는 우리나라의 경제 발전 초기 단계부터 정책 자문을 많이 하여 우리가 합리적인 경제 발전 전략을 채택하고 여러 차례의 경제 위기를 극복하는 데 큰 도움이 되었습니다.

여섯째, 미국은 생산 기술을 제공하고 시장을 열어 우리나라의 해외시장 접근에 많은 도움을 제공했습니다.

6) 새마을운동 등 독창적 전략 채택

우리나라가 기적적인 경제 발전을 이룩한 원동력 중 새마을운동을 빼놓을 수 없습니다. 우리나라는 빈곤의 악순환으로부터 벗어나기 위해 근면·자조·협동의 새마을정신을 내세워 산업화를 이룩했고 이는 경제적 근대화와 민주화의 밑바탕이 되었기 때문입니다. 새마을정신은, 농민은 물론 전 국민을 한 마음으로 뭉치게 했습니다. 그 결과 농촌과 도시의 근대화를 방해했던 여러 가지 요인을 한꺼번에 제거하고 근대화를 앞당길 수 있었습니다.

새마을정신은 우리나라의 산업화를 이루는 데 기여한 한국적 자본주의 정신의 싹이었습니다. 땀 흘려 열심히 일해서 번 돈을 저축하고 이렇게 하여 축적한 자본으로 부자가 되어야 믿음과 존경을 얻을 수 있고 이래야 자본주의 사회의 정당성이 생겨납니다. 우리나라가 선진국이 되고 남북 통일을 이뤄 무한 경쟁의 자유무역시대를 살아가기 위해서는 여러 가지 시련과 맞닥뜨리게 될 것입니다. 그런 시련들을 극복하기 위해서는 새마을정신과 같은 생활신조가 절대적으로 필요합니다.

제6장 우리나라 경제의 새로운 도전과 과제

[물음]
지금 우리나라의 경제는 여러 가지 문제로 도전을 받고 있습니다. 어떤 문제들인가요?

[답변]
첫째는 세계 경제의 틀이 변화했다는 것입니다. 둘째는 2000년대 들어서 급격하게 경제 성장의 속도가 떨어졌고 실업률, 특히 청년 실업률이 증가하고 있다는 것입니다. 셋째, 노령화와 출산율의 감소로 생산가능인구가 급격히 줄고 있습니다. 넷째, 1990년대 초부터 소득분배가 급속히 악화되었고 다섯째, 기술 발전이 정체되고 있는 것에 대한 불안감이 생기기 시작했습니다. 여섯째, 새로운 틀에 맞는 가치관과 제도를 확립해야 하고 일곱째, 중국과 다른 신흥국들이 급격하게 떠오르고 세계 정치 구도가 다극화하고 있습니다. 여덟째, 부정부패가 만연하고 있다는 점도 도전 요소 중 하나이고 마지막으로 그 외에 우발적으로 생길 수 있는 다른 요인들을 들 수 있습니다.

인류는 과학기술 활동으로 농업혁명, 제1차 산업혁명, 제2차 산업혁명 및 제3차 산업혁명을 일으켜 문명의 틀을 바꾸면서 발전해왔습니다. 현재는 제4차 산업혁명이 진행되고 있습니다. 지금은 범세계적으로 경쟁력을 발휘해야 하는 때입니다. 특히 우리나라는 무역 의존도가 80%나 됩니다. 그러니 세계 경제의 틀이 변하는 것은 우리나라에 큰 영향을 미칠 수밖에 없습니다.

이제부터 우리나라 경제가 부딪친 도전들에 대해 하나하나 자세히 알아보도록 하겠습니다.

1. 세계 경제 틀의 변화와 제4차 산업혁명

[물음]
제4차 산업혁명을 이전의 산업혁명과 비교한다면 어떻게 설명할 수 있을까요?

[답변]
제1·2차 산업혁명의 기계 혁명과 전기 혁명이 제3차 산업혁명의 인터넷 혁명을 거치면서 현실 세상과 가상 세상이 만들어졌습니다. 제4차 산업혁명은 이전의 산업혁명들이 만든 현실 세계와 가상 세계를 다시 융합하는 혁명이라고 볼 수 있습니다. 따라서 제4차 산업혁명은 인간의 욕망을 현실과 가상의 융합이라는 기술로 충족시키는 것이라 할 수 있습니다.

17세기까지만 해도 유럽의 중심 국가는 프랑스였습니다. 1685년 프랑스의 루이 14세가 이전에 종교의 자유를 허용했던 낭트 칙령을 폐기하고 위그노라 불리던 하류층 상공인들을 나라 밖으로 추방했습니다. 이들이 개신교 신자였기 때문입니다. 이들 대부분은 네덜란드로 이주하여 네덜란드 경제 발전에 도움을 주었습니다. 런던을 점령하고 영국의 왕이 된 윌리엄 3세는 많은 네덜란드의 상공인 및 귀족을 영국으로 데리고 가 좋은 대우를 해주었습니다. 그들이 영국의 제1차 산업혁명을 이끌었지요.

위그노들이 네덜란드, 영국 다음으로 많이 간 나라는 독일입니다. 독일은 제조업이 30%에 가까운, 제조업이 강한 나라입니다. 그리스의 경우 제조업은 10%에 지나지 않고 서비스업이 76%입니다. 그런데 그리스는 경제적으로 강한 독일의 지원 없이는 파산할 위협에 처하게 됩니다. 이는 제조업 없는 서비스업의 발전은 모래 위에 지은 집에 지나지 않다는 것을 보여줍니다. 제조업이 강해지기 위해서는 기술자와 기능인, 기업가의 역할이 중요합니다. 이렇게 근대 산업화의 역사를 돌아보면 기술자와 기능인, 기업인을 우대한 나라가 선진국이 되었습니다.

기술자와 기업인에게 좋은 대우를 해준 영국에서 1750년 섬유 산업이 선두주자가 되어 제1차 산업혁명이 시작되었습니다.

이 흐름이 1830년대까지 유럽 전 지역으로 번져나갔습니다. 영국에서 산업혁명이 시작된 배경에는 여러 가지 요인이 있습니다. 우선 식량 생산이 늘어났고 인구가 증가했습니다. 이런 현상으로 새로운 산업을 만들어내는 여건이 조성되었지요. 1760년대 방적기의 개량으로 면직물 공업의 기계화가 가능해졌고 1815년 증기 기관이 발명되어 기차 생산이 시작되었으며 철을 제련하는 방식을 혁신하여 기계, 수송용 철도 건설 등의 수요를 만족시킬 수 있게 되었습니다. 제1차 산업혁명을 이끌어낸 힘은 미래의 경제적 이익을 위해서 우선 눈앞에 펼쳐진 위험을 무릅쓰는 대담한 기업가정신이었습니다. 이는 1825~1830년경 미국에 전해져 미국인들의 열정에 힘입어 모든 산업이 혁신에 성공하게 되었습니다.

제2차 산업혁명은 1870년대부터 시작되었습니다. 화학 염료·전기·통신·정유·자동차 산업이 중심이 되었고 기술 혁신의 주체는 대기업이었습니다. 기술의 주도권은 영국에서 미국과 독일로 옮겨갔고 그 과정에서 역사상 최초로 과학기술 발전에 기초를 둔 혁신이 진행되었습니다. 또 포드주의Fordism와 테일러주의Taylorrism가 전 세계에 전파되었습니다.

포드주의는 헨리 포드에 의해 고안된 근대적 생산 시스템 및 산업의 틀입니다. 분업 체제로 연속 공정을 가능하게 한 포드 자동차 회사의 생산 방식에서 유래한 말입니다. 포드주의는 대량 생산과 대량 소비를 가능하게 하여 경제 성장과 대중문화의 발달에 크게 기여했습니다. 테일러주의는 프레드릭 테일러Frederick W. Taylor의 이름에서 나온 말로, 책임을 분명히 하고 조직을 합리적으로 구성하는 등 과학적으로 관리되는 산업관리 체계를 가리키는 말입니다.

이와 같은 기술 혁신과 대량생산 체계가 경제와 사회를 변혁시켜 현대 산업 사회를 이끌어냈습니다. 그 속에서 체제 · 질서 · 통제 등 개념이 핵심 가치로 등장하고 기술지향주의가 힘을 얻었습니다.

제3차 산업혁명은 1960년대 후반부터 진행된 정보통신기술 혁명입니다. 21세기에는 컴퓨터 · 인터넷 · 휴대 전화에 기초한 기술 혁신으로 일상생활은 물론 제조업의 디지털화가 급속하게 진행되었습니다. 이로써 제조업과 서비스업 사이의 명확한 구별이 사라졌습니다. 두 산업 분야가 협력적 생산 체제로 진화하고 확산된 것입니다.

협력적 생산이란 SNS(social network service)와 인터넷 등 IT(information technology)를 기반으로 한 온라인 공동체를 활용한 시스템을 말합니다. 이를 통해 제품을 만들어내는 사람들뿐 아니라 사는 사람들, 투자자들까지 다양한 주체가 서로 협력하여 제품에 대한 새로운 발상부터 상품화와 이익의 분배까지 이루어 내는 체제입니다.

협력적 생산을 발판으로 한 제3차 산업혁명을 움직이는 핵심적 힘은 정보와 지식, 그 자체뿐만 아니라 네트워크와 융합화입니다. 이로 인해 BT, NT, CT 등 새로운 기술 융합 산업은 물론 새로운 소재 산업 등이 등장했습니다. BT(bio technology)는 생물공학 혹은 생명공학을 말하고 NT(nano technology)는 10억 분의 $1(10^{-9})$을 나타내는 단위 나노의 차원에서 물질의 특성을 다루는 기술을 가리킵니다. CT(culture technology)는 문화 콘텐츠의 질적 수준을 결정짓는 기술입니다. 예를 들어 영화를 만들 때 상상력을 자극하는 요소를 화면에 나타내려면 많은 기술이 필요한데 이들을 CT라 할 수 있습니다. 이렇게 서로 다른 산업들이 융합되고 새로운 소재 등이 등장하는 과정에서 제조업의 서비스화가 진전되었습니다.

산업은 생산과 소비가 순환되는 과정입니다. 소비는 인간의 욕망에서 비롯되고 이것이 기술 혁신을 가능하게 하며 생산과 소비가 순환되면 사업이 지속되는 것입니다. 기술 혁신을 가능하게 하는 것은 과학기술이고 인간의 욕망을 다루는 것은 인문학이며 사업의 지속성을 만드는 것은 경제사회 분야입니다.

지금까지의 산업혁명은 기술의 분야로만 해석되어 왔습니다. 그런데 산업혁명은 기술과 인간의 욕망이 함께 진화하는 과정이라고도 분석할 수 있지요. 제1차 산업혁명은 기계혁명이 제조산업을 만들어 인간의 생리적 욕구를 충족시킨 것이라 볼 수 있습니다. 제2차 산업혁명에서는 전기혁명이 서비스업을 만들어 인간의 안정 욕구를 충족했습니다.

제1·2차 산업혁명으로 물질의 공급이 확대되었다면 제3차 산업혁명은 연결의 혁명으로 인간의 사회적 연결 욕구를 충족시켰습니다. 제4차 산업혁명은 인간의 능동적인 정신적 욕구인 자기표현과 자아실현의 욕구에 도전하는 단계입니다.

제4차 산업혁명의 본질은 제조업의 디지털화입니다. 사람·사물·공간이 인터넷으로 연결되고 거기서 생산되는 빅 데이터를 바탕으로 사이버와 물리적 시스템이 서로 연결되어 움직이는 체제로 바뀌는 것입니다. 또 그 복합 체제가 인공지능(AI) 기술에 의해 가장 적절한 방법으로 다뤄지고 진화하는 초지능의 혁명입니다. 현재 산업 현장에서 사용되는 산업인터넷의 가장 큰 효과는 장비의 결함을 발견하고 예상치 못한 고장은 미리 예측하고 방지하는 것입니다.

단계별 제조업 혁명의 핵심 요소

	제1차 산업혁명 (18~19세기)	제2차 산업혁명 (20세기)	제3차 산업혁명 (20세기 후반 ~21C 초)	제4차 산업혁명 (21세기)
추세	Machine-based Production 공장제 기계 생산 체제	Mass Production 대량생산 체제	Collaborative Manufacturing 협력적 생산 체제	Digitalization of Manufacturing 제조업의 디지털화
핵심 동인	수학, 석탄, 방적기, 증기기관, 철도	석유, 내연기관, 컨베이어벨트, 전기, 자동차	전자, 정보, 지식, 네트워크화, 융합화	가상 물리적 시스템, 인공지능 제어, 초지능 혁명, SW
주요 내용	▪ 기계혁명 ▪ 경공업 ▪ 면직물, 제철 ▪ 방적기계 개량 ▪ 인간의 생리적 욕구	▪ 전기혁명 ▪ 중화학공업, 철강, 자동차, 항공, 조선, 석유화학 ▪ 인간의 안전의 욕구 충족	▪ 정보혁명 ▪ 신기술 융합 (BT, CT, NT) ▪ 제조업의 서비스화 ▪ 신소재, 신에너지 ▪ 사회 귀속욕구 충족	▪ 지능혁명 ▪ AI, IoT, 로봇, 드론 ▪ 3D 프린팅, 가상현실, 자율주행차 ▪ 네트워크와 협력 ▪ 명예욕구 충족

자료출처 : 윤병규(2013) 35쪽과 김명자(2016)에서 재작성

미국과 독일의 생산관리 체제는 사물인터넷이 바탕을 이루는 새로운 방향으로 전면 다시 편성되었습니다. 이런 현상은 제4차 산업혁명 시대의 새로운 생산 모형으로서 빠른 속도로 전 세계로 퍼져나갈 것입니다. 그 핵심에는 AI, 로봇, 드론, 사물인터넷, 가상현실(VR), 3D 프린터, 자율주행 자동차 등이 있습니다. 이들 기술의 융합으로 산업과 산업 사이, 여러 기술 사이의 경계가

무너지고 있습니다. 제3차 산업혁명까지의 혁신이 제품과 그 만드는 과정(공정)의 혁신이었다면 제4차 산업혁명은 제품, 공정은 물론 사업모형의 혁신이 핵심이라고 할 수 있습니다.

산업 디지털화는 기존 제조업의 가치사슬을 완전히 바꿔놓을 것입니다. 특히 우리나라의 제조업은 산업 디지털화에 그 미래가 달려 있습니다. 우리나라의 국내총생산(GDP)의 제조업 비중이 30%가 넘는 만큼 산업 디지털화에 더욱 적극적으로 매달려야 합니다. 제조업의 디지털화는 기업에 속도, 효율성, 유연성 등 3대 경쟁력을 제공할 것입니다. 디지털화는 대기업 혼자 하는 것이 아니라 여러 중소기업과 협력하여 생태계를 조성할 때 쉽게 완성될 수 있습니다.

제4차 산업혁명을 빅 데이터, 산업인터넷, 인공지능 등 개별적인 첨단기술의 융합으로 보는 것은 일부만 알고 전체를 안다고 생각하는 경우와 같습니다. 사람 얼굴의 경우 눈, 코, 입 등이 각각 잘 생긴 것보다 어떻게 조화를 이루는가에 따라 예쁜지 그렇지 못한지가 결정됩니다. 마찬가지로 기존 기술의 나열이나 단순한 융합이 아니라 그것들이 왜, 어떻게 융합되는가 하는 상호관계가 중요합니다.

제1·2차 산업혁명의 기계혁명과 전기혁명이 제3차 산업혁명의 인터넷 혁명을 거치면서 현실 세상과 가상 세상이 만들어졌습니다. 제4차 산업혁명은 이전의 산업혁명들이 만든 현실 세계와 가상 세계를 다시 융합하는 혁명이라고 볼 수 있지요. 따라서 제4차 산업혁명은 인간의 욕망을 현실과 가상의 융합이라는 기술로 충족시키는 것이라 할 수 있습니다.

제4차 산업혁명은 자동화가 아니라 인간 생명의 자기조직화입니다. 현실 세계에서 오감이 자료를 수집하듯 사물인터넷과 생체계측 인터넷이 수집한 자료를 클라우드에 저장하면 빅 데이터가 됩니다. 이것을 인간 뇌의 전전두엽처럼 인공지능이 분석하면 시간을 예측하고 공간을 맞춰 몇 시에 어떻게 목적지에 도착할 것인가를 알려줍니다. 다시 말해, 제4차 산업혁명은 현실 세계에서 발생하여 만들어진 자료를 가상화하고 가상 세계에서 최적화한 결과를 현실에서 예측하고 맞춤화하는 것입니다.

2. 경제 성장의 급격한 둔화와 실업의 증가

우리나라는 1997~1998년에 걸친 외환위기까지 30년 이상 연평균 8% 수준의 경제 성장을 계속해왔습니다. 그러나 외환위기 이후 연평균 경제 성장률은 4.5% 수준으로 떨어졌습니다. 뿐만 아니라 2002년 이후 2009년까지 지속적으로 하락했습니다. 국내 경제 성장률은 2010년 6.5%, 2014년에는 3.3%를 기록하며 저성장의 방향이 굳어가고 있습니다. 또 생산과 고용의 연결고리가 약해져서 고용 증가는 별로 일어나지 않습니다. 게다가 새로운 사업을 발굴하지 못해 성장 잠재력도 지속적으로 떨어지고 있지요.

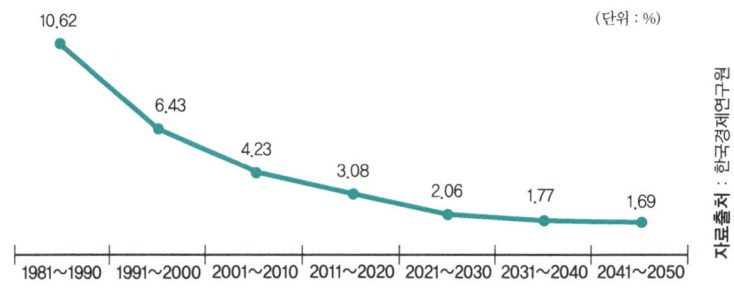

▲ 기간별 잠재 성장률

그 외에도 산업 구조의 고도화 과정에서 국내 투자 여건이 나빠졌고 IT 등 고용 인원이 상대적으로 적은 산업이 발전했으며 부품과 소재 산업의 경쟁력이 떨어지기도 했습니다. 또 노동과 투자 등 생산 요소의 투입이 적어지고 연구개발 역량과 인적 자본 경쟁력이 약해짐으로 잠재적 성장률이 급속하게 하락하고 있습니다. 정치 체제가 불안정하고 법과 제도는 후진적이며 노사 간·계층 간 갈등과 대립이 심해지는 것도 성장 잠재력을 떨어뜨리는 요인이 되고 있습니다.

　실업문제는 우리나라에 닥친 가장 심각한 문제 중 하나입니다. 1990년대 중반까지만 해도 우리나라의 실업률은 2%대로 거의 완전고용 상태였습니다. 그런데 외환위기를 겪으면서 실업률이 7%대로 증가하여 실업이 심각한 사회문제가 되었습니다. 특히 우리나라에서는 청년층의 실업 문제가 심각합니다. 15~29세 청년 실업률은 1991~1995년 연평균 5.7%이던 것이 2016년 6월에는 10.3%까지 증가했습니다.

　그 외에 취업 기회가 부족하여 고통당하는 또 하나의 계층은 상당 수준의 교육을 받은 여성들과 은퇴한 고학력 인력들입니다. 우리나라의 경제 성장이 둔화하면서 54~55세의 많은 근로자가 일반 기업의 정년인 57세보다 더 일찍 퇴직을 해야 했습니다. 아직 자녀의 교육비 등 많은 자금이 필요한 이 계층은 퇴직 후 생산성이 낮은 자영업 등에 종사할 수밖에 없는 처지가 되었습니다.

3. 총인구와 생산가능인구의 감소

　우리나라의 인구는 2015년 기준 5천 1백만 명입니다. 그런데 출산율이 급격하게 낮아지고 인구 고령화로 인해서 2030년에 5

천 2백만 명을 정점으로 한 후 점점 감소하여 2060년에는 4천 4백만 명으로 줄어들 전망입니다. 우리나라의 한 해 신생아 수는 1970년 약 1백만 명에서 2015년 44만 명 수준으로 감소했습니다. 같은 기간 임신이 가능한 여성 1인당 출산아 수(합계 출산율)는 4.53명에서 1.23명으로 급속히 줄었는데 이는 세계에서 네 번째로 낮은 수치입니다.

우리나라의 고령 인구의 구성비는 2015년 13.1%에서 2020년 15.7%로 증가하여 그때부터 본격적인 고령화 사회로 접어들게 됩니다. 이런 추세가 계속되면 2060년에는 고령 인구 구성비가 40.1%까지 늘어날 것이 예상됩니다. 이는 세계 여러 나라 중 두 번째 수준이지요. 고용 인구도 감소하지만 특히 중추적 노동

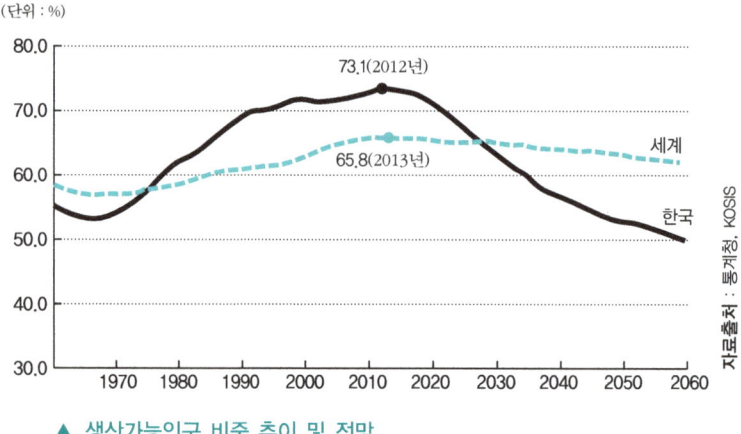

▲ 생산가능인구 비중 추이 및 전망

층인 25~54세까지의 고용이 2010년 1천 769만 명에서 2050년 959만 명으로 줄어들 전망입니다. 이때는 중추적 노동층은 줄어들면서 부양인구(65세 이상 고령과 15세 미만의 유소년 인구) 비율이 급속히 증가할 것으로 추정됩니다.

일본에서는 위에서 이야기한 것 같은 인구 절벽이 '잃어버린 25년' 현상을 가져왔습니다. 세계 제3위 경제 대국이고 2015년 1인당 GDP가 3만 2천 486달러인 일본이 겪은 '잃어버린 25년'의 결과는 참담합니다. 농촌이 텅 비어버린 것은 물론 확장기에 건설한 신도시가 유령 도시가 되어 한 마을과 큰 아파트 단지에 몇 가구밖에 살지 않는 썰렁한 상황이 되었습니다. 몇 안 되는 입주 세대가 내는 적은 관리비로는 엘리베이터를 운행할 수 없어서 노인들이 고층 아파트를 계단으로 힘겹게 오르내릴 정도입니다. 중산층이 두터워 양파처럼 생겼던 일본의 소득 구조는 중산층의 상당수가 하층으로 전락한 표주박형이 되어버렸습니다.

아래층이 무너지고 중산층이 급속하게 위험해지면서 경제 전체가 위협을 받게 되었습니다. 이런 상황에서는 불안한 중산층이 소비를 안 하고 싼 물건을 찾습니다. 그 결과 가격 파괴가 나타나고 본격적인 디플레이션 현상이 진행됩니다. 디플레이션은 통화량이 상품 거래량보다 상대적으로 적어서 물가가 떨어지고 경제

활동이 침체되는 현상입니다. 예전에는 인플레이션에 대응되는 말로 사용되었지만 요즘은 생산량의 감소, 실업의 증가 등 경제 활동이 침체되는 현상을 의미합니다.

이렇게 붕괴 직전에 있는 일본의 여러 현상이 우리나라에도 그대로 나타나고 있습니다. 현재 우리나라의 노인 빈곤율은 이미 50%에 이르고 있습니다. 그런데 일본처럼 인구절벽, 소득절벽의 전철까지 밟는다면 빈곤율이 얼마나 높아지겠습니까? 개인이 준비하는 것은 물론 정부가 이를 경고하고 대책을 마련해야 할 것입니다.

지금이라도 정부는 생산가능인구를 늘리는 데 온 힘을 쏟아야 합니다. 물론 인구를 짧은 시간 동안 늘리기는 어렵습니다. 하지만 어렵다고 손 놓고 있을 수는 없습니다. 급한 대로 출산 휴가 기간과 직장 내 보육시설을 늘리고 중국 조선족, 탈북자들, 다문화 가정을 우대하는 정책과 이민을 적극적으로 받아들이는 정책을 펴야 합니다. 또 생산가능인구를 일찌감치 직장에서 퇴출하는 것을 막고 여성들의 경제활동 참가율을 높이는 것, 군 복무 기간의 역량 개발에도 큰 관심을 가져야 합니다.

2016년부터 정년이 60세로 늦춰졌습니다. 그러나 69세인 일본, 65.6세인 미국, 63.5세인 OECD 평균 은퇴 연령에 비하면 아직도 낮습니다. 퇴직 나이도 평균 기대수명 80세 시대에 맞게 개선할 필요가 있습니다.

우리나라의 여성 경제활동 참가율은 2018년 59.4%로 OECD 평균 64.6%, 미국 68.2%, 프랑스 68.5%, 일본 71.3%보다 매우 낮습니다. 우리나라에서 여성의 경제활동 참가율이 낮은 이유는, 여성은 가사노동을 많이 해야 하고 임금 차별이 있으며 기업 문화가 여성에게 불리한 점 등 여러 가지가 있습니다. 또 여성 근로자의 평균 임금이 남성 근로자의 63%밖에 되지 않는 차별도 존재하고 있습니다.

4. 소득분배의 악화

우리나라에서는 1970년대 중반 이후 추진된 중화학공업 육성 정책으로 인해 일시적으로 소득분배가 악화된 적이 있습니다. 그러나 1980년대 초에 안정화 시책이 추진되어 높은 경제 성장률을 이뤘고 1980년대 후반부터 1990년대 초까지 임금 상승이 가속화되었습니다. 이 기간에 지니계수는 1982년 0.316이던 것이 1992년 0.254로 개선되었습니다. 이는 우리나라가 높은 경제 성장으로 자본이 지속적으로 축적되고 상대적으로 공평한 소득분배가 이뤄져 성장과 분배라는 자본주의의 기적을 이룩한 것을 의미합니다.

그러나 그 후 다시 악화하기 시작했고 특히 1997~1998년 외환위기를 겪으면서 지니계수는 더욱 급격히 높아졌습니다. 지니계수가 올라갔다는 것은 소득불평등이 심해졌다는 것인데, 쉽게 말하면 소득이 적은 쪽은 더 적어지고 많은 쪽은 더 많아진 상태라고 말할 수 있습니다. 지니계수는 한 나라의 가구 간 소득의 불평등 정도를 나타내는 가장 대표적인 지표입니다. 1이 최고이며 숫자가 많을수록 불평등이 심하다는 것을 나타냅니다. 소득불평등이 심화하면 경기 활성화와 경제 성장에 방해를 받습니다. 더 나아가 사회적으로 불안을 일으키므로 이를 개선하는 것이 중요합니다.

1989년 자본주의 진영과 공산주의 진영 사이의 냉전이 끝나고 디지털 혁명에 의한 세계화가 시작되었습니다. 이 과정에서 우리나라에 있던 단순기술 혹은 노동 집약적 산업은 중국이나 동남아시아 나라들로 옮겨갔습니다. 그들 나라의 임금 수준이 우리나라보다 낮기 때문입니다. 기술 집약적·노동 집약적 산업이란 상대적으로 각각 기술 혹은 노동력의 집중적인 투입에 의존하여 상품을 생산하는 산업을 말합니다.

이후 국내 기업들은 부가가치가 높은, 지식을 기반으로 한 첨단 산업에 주력했습니다. 그 결과 국내의 단순기술 근로자들은 일자리를 잃거나 낮은 임금에 시달리게 되었습니다. 그와 반대로 교육을 많이 받고 첨단기술을 가진 근로자들의 임금과 소득은 늘어났습니다. 그래서 양쪽의 임금 격차가 커진 것입니다.

위에서 얘기한 바와 같이 여러 가지 요인에 의해 소득분배 상황이 빠른 속도로 나빠졌습니다. 이는 중산층을 감소시켰고 각 사회 계층 사이의 갈등과 마찰을 불러일으켜 사회적 화합과 통합을 방해했습니다. 특히 우리나라에서의 빈부 격차는 지난 여러 해 동안 이에 대한 정치 논의는 물론 복지에 대한 사회적 수요를 크게 늘리는 결과를 가져왔습니다.

5. 기술무역의 만성적 적자

우리나라에는 핵심 산업을 뒷받침하는 원천기술(기본이 되는 기술)이 부족합니다. 그래서 사용료(로열티)를 내고 외국의 기술을 사와서 사용하고 있지요. 반면에 우리나라는 외국에서 사용료를 내고 사갈 기술을 별로 가지지 못했습니다. 그래서 오래전부터 기술무역 적자를 면치 못하고 있습니다. 이를 극복하기 위해서 새로운 기술의 개발과 혁신이 절실합니다.

우리나라는 지난 60년 동안 기술의 혁신과 개발 중요성을 충분히 깨닫고 많은 노력을 하여 훌륭한 성과를 거두기도 했습니다. 1948년 대한민국 건국 초기부터 수많은 우수한 인력을 양성하고 국가 정책으로 운영하는 국책연구소와 민간 연구소 등이 세워졌습니다. 그래서 선진 기술을 발 빠르게 들여와 우리 환경에 맞게 정착시킬 수 있었고 여러 가지 정책으로 새로운 기술 개발과 혁신을 도왔습니다. 이런 노력의 결과 1970년대 후반 철강·조선·기계·자동차·화학·반도체·정보통신 분야의 제품이 우리나라의 주력 상품이 되었습니다.

최근에 우리나라는 미국, 일본, 독일, 프랑스에 이어 세계에서 다섯 번째로 삼극 특허를 많이 얻는 나라가 되었습니다. 삼극 특허 triadic patent 란 전 세계 특허를 주도하는 미국 특허청(USPTO), 일본 특허청(JPO), 유럽 특허(EPO)의 3개국 특허청에 모두 등록된 특허를 말합니다. 그러나 특허의 대부분이 낮은 수준의 기술 산업에 관련된 것이고 활용도도 높지 않아 새로운 기술 개발과 혁신 면에 많은 도전을 받고 있습니다.

또 우리나라의 기술 개발 노력과 성과는 대기업 중심으로 이뤄져 있습니다. 정보통신 및 자동차 기술 분야에서는 앞서 있지만 대학의 기초과학 연구와 기업과 대학과의 협조관계인 산학협동은 활발하지 못합니다. 그래서 중견기업과 벤처기업에 의한 새로운 기술 개발과 혁신이 이뤄지지 못하고 있습니다. 더구나 우리나라 경제의 지속적인 성장을 위해서는 서비스 부문의 성장이 필요한데 이 부문의 기술 혁신을 위한 노력이 거의 없다는 것도 문제입니다.

지금 기술 개발과 기술 혁신이 가장 많이 필요한 분야는 자원과 에너지, 항공우주 분야입니다. 특히 가지고 있는 자원이 인구에 비해 턱없이 부족한 우리나라는 자원과 에너지 관련 기술 개발과 혁신 없이는 경제 발전이 불가능합니다.

새로운 기술은 기술을 가진 사람뿐만 아니라 그 기술을 사용하여 제품을 만드는 과정에 있는 수많은 경제주체 모두가 혜택을 입을 수 있게 해줍니다. 예를 들어 개인용 컴퓨터를 발명하고 개발한 마이크로소프트의 빌 게이츠Bill Gates와 폴 앨런Paul Allen, 애플컴퓨터사를 창립하여 아이폰, 아이패드 등을 만든 스티브 잡스Steve Jobs와 스티브 워즈니악Steve Wozniak은 억만장자가 되었을 뿐 아니라 그 제품을 만들어 팔고 산 모든 경제주체가 이루 헤아릴 수 없는 혜택을 누리게 했습니다. 더 나아가 인류 생활 향상에 큰 기여를 했지요. 알리바바 그룹의 마윈Ma Yun, 구글의 창업자

래리 페이지Larry Page와 세르게이 브린Sergey Brin 등은 혁신의 아이콘이라 부를 만합니다.

이들 못지않게 기술 개발로 혁신을 일으킨 사람이 또 있습니다. 미국의 해럴드 햄Harald Hamm은 셰일가스 산업을 개척한 사람입니다. 셰일이란 미세한 진흙이 수평으로 퇴적해 형성된 암석으로, 이 퇴적층에 존재하는 천연가스가 셰일가스입니다. 해럴드 햄은 미국이 앞으로 300년 이상 에너지 독립을 할 수 있도록 해 주었습니다. 또 원유 값이 배럴당 40달러 이하로 떨어지게 하여 인류에게 엄청난 혜택을 주었습니다.

앞에 얘기한 이 사람들은 인류에게 엄청난 편리함과 혜택을 주었으므로 대표적인 홍익인간이라 할 수 있습니다. 해럴드의 경우 원유 값이 140달러까지 오르자 자신도 117억 달러라는 엄청난 부를 쌓을 수 있었습니다. 이들이 얻은 부富는 인류의 삶을 크게 향상시킨 대가로 이루어진 것이므로 부의 집중과 불균등성을 가져온다 하더라도 적극 장려되어야 합니다.

우리는 제2의 마이크로소프트, 애플, 셰일오일, 알리바바, 구글 등이 나타나도록 장려해야 합니다. 국내에서도 제2의 삼성·현대·LG·SK 등이 나오도록 장려해야 합니다. 지금 있는 대기업들 안에서도 혁신적인 새로운 제품들이 나와서 기술 개발자들이 새로운 대기업으로 성장할 수 있어야 하고 그럼으로써 우리나라의 경제 발전이 계속되도록 해야 합니다.

6. 새로운 틀에 맞는 제도 개선 필요

오늘날 나라 사이의 경쟁은 결국 제도의 경쟁입니다. 한 나라가 시대와 환경에 맞는 좋은 제도를 가지고 있는가 아니면 그렇지 못한가의 여부가 국가의 경쟁력과 미래를 결정짓습니다. 그런 점에서 제도의 개선은 우리 눈앞에 닥친 가장 중요한 문제입니다. 제도는 법을 통해서 만들어지고 변천 과정을 거쳐서 현실에 적용됩니다.

우리나라의 제도는 압축적 성장 과정을 거쳐 오면서 여러 가지 문제를 안게 되었습니다. 첫째는 경제가 정치화하고 있다는 것입니다. 경제는 경제적 판단에 따라 결정되어야 하는데 그렇지 않은 부분이 많습니다. 규제나 정책을 만들 때도 전문성보다는 대중영합주의로 엉뚱한 결과를 내놓기도 합니다. 두 번째로 밖으로 드러나 확실하게 보이는 명시적 제도와 직접적이고 명료한 말이나 행동 없이 은근히 자신의 뜻을 나타내 보이는 묵시적 제도가 서로 많이 동떨어져 있다는 점입니다. 셋째, 제도는 있지만 그

것을 무색하게 만드는 유착과 담합이 심합니다. 유착은 떨어져 있어야 하는 양쪽이 밀접하게 붙어 있는 것이고, 담합은 남모르게 자기들끼리 미리 짜고 약속하는 것을 가리키는 말입니다. 이 두 가지 다 공정한 경쟁을 방해합니다. 넷째, 기업들의 성장 과정에서 일어났던 국민의 지원과 희생에 대한 보상이 공평하게 분배되지 못하고 있습니다. 이는 우리나라에서 산업화와 민주화, 세계화가 압축적으로 진행되면서 기업의 시장 권력이 국가 권력보다 월등한 힘을 가졌기 때문입니다.

이런 문제점들 때문에 사회적 불신이 생기고 있습니다. 우리가 마주한 환경을 보면 여러 부분에서 하루빨리 제도를 개선해야 합니다. 하지만 이를 추진하기 위해서는 먼저 위의 문제들을 해결하여 사회적 공감대와 신뢰를 탄탄하게 형성해야 합니다.

물론 우리나라에는 좋은 취지와 요소를 가진 규제와 제도가 많이 있습니다. 하지만 정치적 영향력으로 운영이 제대로 안 되는 경우도 많습니다. 경제적 판단으로 문제를 해결해야 하는 일이라면 정치적 영향력이 미치지 못하도록 하고 제도를 제대로 실행할 때에야 우리나라는 도약할 수 있는 새로운 기회를 만들어낼 것입니다.

시장이 실패할 때 정부가 개입해야 한다는 논리의 바탕에는 정부가 민간보다 더 높은 수준의 정보와 지식을 갖고 정의롭게 일한다는 생각이 깔려 있습니다. 그러나 지금은 과거와 달리 민간 부문이 정부 부문 못지않게 전문적 역량을 가지고 있다는 점을 잊어서는 안 됩니다. 오히려 많은 정부의 개입은 정부의 실패를 가져올 가능성을 커지게 합니다. 정부의 개입은 민간 부문 기업가나 전문가의 의견을 충분하게 반영하여 신중하게 해야 합니다. 정부의 역할은 지식과 혁신 기반 경제를 위한 여건을 만들고 전략과 동기를 제공하는 데 그쳐야 합니다.

7. 떠오르는 중국 경제, 뒤처지는 우리 경제

중국은 200년 전까지 거의 2천 년 동안 세계 제1의 상업 국가였고 부자 나라였습니다. 따라서 중국의 부는 단순히 일시적 현상이 아니라 오래전부터 쌓여온 역사적 흐름이라 볼 수 있습니다. 중국은 1978년 덩샤오핑 Deng Xiaoping에 의한 경제 개혁개방 이후 최근까지 연평균 10%에 가까운 고속 성장을 해왔습니다. 그 결과 2010년 일본을 제치고 세계 2위의 경제 대국이 되었지요. 2012년 중국은 미국을 제치고 세계 제1의 무역 대국이 되었습니다.

세계적인 금융기관들은 중국의 GDP가 곧 미국을 앞지를 것이라고 전망했습니다만 쉽지는 않을 것입니다. 2017년 미국의 GDP는 19조 39억 달러이고 중국은 12조 237억 달러로 미국의 63%에 불과하여 예측이 빗나가고 있기 때문입니다.

이와 같이 중국의 경제가 떠오르는 현상은 우리나라 경제에 긍정적인 영향을 주었습니다. 한·중 교역이 크게 확대된 것입니다. 2001년에는 일본보다, 2003년에는 미국보다 중국에 더 많이 수출했습니다. 수출이 늘어나면서 중국에 대한 큰 무역흑자도 생겼습니다. 중국에 대한 무역흑자가 우리나라의 GDP를 올리는 데는 크게 기여했지만 여러 가지 문제도 가져왔습니다.

중국은 자기네 나라의 경제 발전을 위해 우리나라의 기업을 적극적으로 중국으로 끌어들였습니다. 그 결과 많은 우리 기업이 임금과 땅값이 상대적으로 싼 중국으로 생산설비를 옮겨갔지요. 일부 국내 산업 분야에 빈자리가 생겼고 고용 및 존립 기반까지 흔들리게 되었습니다. 그 때문에 고용과 국내에서의 수요가 위축되었으며 소득분배도 악화되었습니다.

또 중국은 과학기술을 중요하게 여기는 정책을 실시하여 기술 수준이 빠르게 성장했고 중국 토종 기업도 약진하게 되었습니다. 그 이후 우리나라의 주력 산업인 철강, 조선, 자동차, IT 등을 빠르게 뒤따라왔고, 결국 주력 수출산업에서 중국은 우리나라와 경쟁관계에 놓이게 되었습니다.

중국은 미국과 일본 중심으로 운영되는 세계은행과 아시아 개발은행에 대항하기 위해 '새로운 실크로드(일대일로)'라는 이름으로 육상 및 해상 교통망을 연결했습니다. 또 기반시설 투자를 늘리고 가까이 위치한 신흥 국가들을 경제적으로 지원하기 위해 2014년 자본금 500억 달러로 아시아인프라투자은행AIIB : Asian Infrastructure Investment Bank을 창설했습니다. AIIB 창립 회원국은 우리나라를 포함하여 41개 나라입니다. 이와 같은 범지구적 호응을 받은 중국의 지도부는 미국의 참여와 지지 없이도 중국이 주도하는 다국적 국제기구를 만들 수 있다는 자신감과 함께 영향력을 갖게 되었습니다.

더구나 중국은 과거의 영광을 되찾고 새로운 중국 중심의 세계 질서를 만들고자 합니다. 그래서 중앙아시아와 유럽을 잇고 동남아시아, 인도, 아랍의 여러 나라, 아프리카 및 유럽을 바다로 연결하여 60여 개 나라를 중국 경제권으로 엮으려 합니다. 전 세계 인구의 60%가 참여하는 이 계획에는 하나의 띠로 연결된 하나의 길이라는 뜻의 '일대일로一帶一路' 전략이라고 이름 붙였습니다.

이와 함께 '대중의 창업, 만인의 혁신'이라는 슬로건을 내걸고

알리바바의 마윈, 샤오미의 레이쥔 같은 민간인 창업과 창조를 국가가 정책적으로 지원하고 있습니다. 중국이 이런 다양한 전략을 추진하는 과정에서 우리나라는 새로운 기회와 도전을 끊임없이 받게 될 것입니다.

우리나라와 중국의 10대 수출 상품 중 일곱 개가, 100대 수출 품목 가운데 30개가 겹칩니다. 이런 상황에서 우리나라의 산업경쟁력이 중국보다 앞선다면 중국의 고도성장은 우리 경제를 한 차원 높게 발전시킬 수 있는 좋은 기회가 됩니다. 그러나 중국의 산업경쟁력이 우리의 산업경쟁력을 앞지른다면 우리 경제는 많은 어려움에 처하게 될 것입니다.

8. 부정부패의 만연

최근 부정부패가 우리 사회에 빠른 속도로 퍼지고 있습니다. 법을 어기거나 피해가는 일(불법이나 탈법), 정치와 경제의 유착, 세금을 안 내는 것(탈세), 기업이 고의로 재무 상태나 경영 성과 등을 고의로 조작하는 것(분식 회계), 방위산업체의 비리 등이 부정부패의 대표적인 예입니다. 이런 부정부패는 우리 경제가 선진국으로 가는 길을 가로막고 있습니다.

부정과 비리를 저지르는 사람들로는 정치인이나 기업가는 물론 군인, 기업가, 의사와 약사, 종교 지도자, 학자 등 직업과 직책을 가리지 않습니다. 부정부패는 나라를 망하게 하지요. 조선의 망국을 예로 들 수 있습니다. 조선 말기 탐관오리들과 양반들의 부정부패와 매관매직(관직을 사고파는 것)이 동학혁명의 원인이 되었고 그 사건이 조선 망국의 결정적 계기가 되었습니다. 결국 조선은 망하고 일본의 식민지가 되고 말았지요. 이는 부정부패가 얼마나 무서운지를 보여주는 대표적인 사례입니다.

9. 그 외의 우발적 요인들

우리나라는 자원이나 산업 구조 등에서 외국 의존도가 높고 남북이 분단되어 있어 안타깝게도 다른 강한 나라들의 영향력 아래서 생존해야 합니다. 그래서 나라 밖에서 일어나는 여러 가지 우발적 요인의 영향을 많이 받습니다. 우리나라는 제1차 석유파동, 중국의 개혁개방, 옛 소련 및 사회주의 국가들의 체제 변화, 일본의 경기침체, 미국에서 발생한 금융위기 등 수많은 우발적 요인을 겪어왔습니다. 다행히 지금까지는 오히려 이를 잘 활용했지요.

앞으로도 미국의 금리 인상, 중국의 성장 둔화, 일본의 경기 회복, 남북 경제통합 혹은 통일, 세계적인 자원파동 등 커다란 변혁들이 일어날 수 있습니다. 이런 사건들은 우리나라의 기업과 산업뿐만 아니라 개개인의 심리에도 많은 영향을 끼칠 수 있습니다. 지금은 세계화 시대이고 초국가적 연결사회이므로 이런 요인들이 생기면 우리에게 미치는 영향은 과거보다 더 클 것입니다. 그러므로 미리 예상하여 잘 대처해야 합니다.

제7장 새로운 발전 틀의 필요성과 홍익경제발전모형

1. 새로운 발전 틀이 필요하다

[물음]
우리나라는 경제 성장과 복지를 조화시켜 제2의 도약을 이룩하여 선진국이 되어야 하는데 이를 위해서 무엇을, 어떻게 해야 할까요?

[답변]
우리는 우리가 가지고 있는 뛰어난 인적 자본을 활용하여 성장의 유형을 바꿔야 합니다. 다시 말해, 이제까지 추격형이었다면 지금은 선도형 경제 발전으로 나아가야 합니다. 한마디로 우리나라에는 지금 새로운 체제가 필요합니다.

경제는 일반적으로 3단계에 걸쳐 발전합니다. 제1단계는 생산 요소 투입의 단계입니다. 대부분의 나라는 노동집약적 산업에 노동을 대량으로 투입하는 요소투입형(단순 가공형)으로 발전의 첫걸음을 뗍니다. 제2단계는 대규모 자본투자 단계입니다. 제1단계를 거치며 경제가 성장하기 시작하여 중화학공업 등에 대규모의 자본을 투입하는 투자주도형 단계로, 이를 추격형 단계라고 합니다. 이 단계를 거치면서 성장한 나라는 중진국 수준까지 닿을 수 있습니다. 이후 선진국 경제로 발전하기 위해서는 자체의 기술 혁신 역량을 바탕으로 한 재화와 서비스의 고부가가치 창출형 성장이 필요합니다. 이 단계가 혁신창조형 단계입니다.

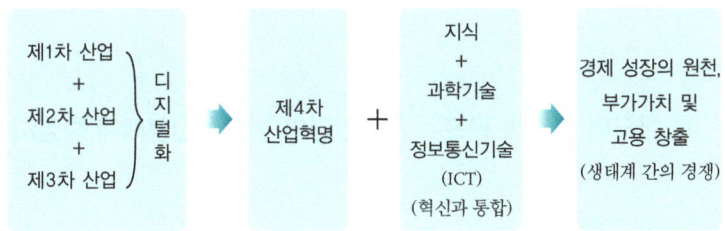

▲ 홍익경제 발전생태계

경제 발전 초기에는 노동과 자본을 쏟아 넣고 선진국의 기술을 들여오는 것 등으로, 겉으로는 선진국 수준으로 성장하는 것처럼 보입니다. 그러나 대부분의 중진국을 보면 경제 발전이 어느 단계에 이르면 선진국과의 격차를 더 이상 줄이지 못합니다. 자체적인 기술 역량을 확보하지 못했기 때문이지요. 이런 나라들에는 낮은 기술-낮은 혁신의 악순환이 계속되어 결국 '비수렴 함정'에 빠지게 됩니다. '비수렴 함정'이란 선진국이 될 수 있는 잠재력을 가진 나라가 기술 혁신 전략으로 체질을 바꾸지 못해서 경제 발전이 멈춰버리는 현상을 말합니다.

따라서 이런 현상에 빠져들지 않으려면 우리만의 자체적 과학기술 혁신 역량을 가져 혁신 창조성을 키우는 것이 반드시 필요합니다. 경제 발전의 제3단계인 혁신창조형(선도형) 단계에서는 인적 및 물적 자본의 질적 개선을 통해서 생산성 향상이 성장을 주도하는 내연적 성장이 이루어져야 합니다.

1) 한국의 비전과 목표 : 홍익인간의 창조혁신생태계 중심지

비전은 원대한 꿈과 이를 실현시킬 수 있는 이념의 틀이고 실천하면 기적이 되는 것입니다. 비전은 기본 이념과 꿈에 그리는 미래로 구성되지요. 기본 이념은 핵심 가치관과 핵심 목표로 나뉘고, 꿈의 미래는 장기간에 걸친 담대한 목표와 목표의 선명한 표현으로 나뉩니다. 비전은 담대한 목표, 이를 실현시켜야 하는 이유 및 실현시킬 수 있는 사고의 틀입니다. 예를 들면 월트 디즈니사의 핵심 가치관은 '창의력, 꿈 및 상상력'이고 핵심 목표는 '사람들을 행복하게 만드는 것'입니다. 삼성의 경우 기본 이념은 '인재 제일, 사업보국, 합리추구'이며, 꿈에 그리는 미래는 세계 최고의 기업입니다.

세계 최강국 미국의 비전은 1776년 독립선언서가 정한 '생명, 자유 및 행복의 추구'입니다. 이의 실현 방법은 자유민주주의와 시장경제이며, 그 작동 원리를 밝힌 것이 애덤 스미스의 『국부론』입니다. 노벨상 수상자의 20%, 세계 400명의 억만장자 중 15%를 차지하는 유대인의 비전은 '유대교가 유일한 종교이고, 신으로부터 선택받은 선민選民'이란 강한 믿음입니다. 일본의 비전인 메이지유신[明治維新, 1868~1973]은 선진국 추격 성장이었습니다. 1973년부터는 선진국을 모두 따라잡아 명확한 국가 비전이 없다가 2005년 '열린 문화 창조국가, 사는 것이 즐거운 건강수명 80세 및 풍부한 공공서비스와 작은 정부'라는 비전을 정했지요. 싱가포르의 국가 비전은 '글로벌 경쟁력 있는 국가, 지식기반 국가 및 제조업과 서비스업을 성장의 양대 엔진으로 하는 국가'입니다.

혁신창조형 단계에 들어선 우리나라가 일류 선진국이 되려면 새로운 발전 틀이 필요합니다. 세계 제1의 경제 대국인 미국을 비롯하여 우리 주위의 4대 강국이나 범지구적 경쟁력에서 동서양의 각각 1위인 싱가포르와 스위스는 모두 독창적인 모형을 가지고 있습니다. 우리나라도 이제 우리의 지정학적 위치, 자연 조건, 문화, 역사적 전통 등의 특성에 맞는 독창적 모형을 개발해야 합니다.

우리 경제의 근본 목표는 경제 안정, 경제 성장, 형평 및 삶의 질 향상입니다. 우리나라는 4대 강국 사이에서 살아남아야 하고 우리나라의 평화는 전쟁 속의 평화임을 잊지 말아야 합니다. 이런 상황에서 우리가 가질 수 있는 21세기 비전은 불평등이 발전을 막지 않고 발전을 자극하도록 하는 것입니다. 이런 발상은 우리 민족의 건국이념이며 가치이념, 윤리이념으로서의 홍익인간에서 찾을 수 있는 홍익경제입니다.

홍익경제는 홍익인간이념으로 무장한 인적 자본을 기본으로 만들어집니다. 국민들 각자가 공공적 이익과 인간의 존엄성을 위한 기본적 권리와 함께 스스로를 부양하는 의무를 강화하는 천리에 따른 복지도 중시합니다. 또 세상을 잘 다스려지게 하여 지식·정신·인정·정보·일자리·물자 등이 물처럼 넘쳐흐르고 원활한 소통과 통합을 꾸준히 추구합니다. 그래서 끊임없이 창조하고 혁신하여 공동체에 좋은 가치를 선사할 수 있는, 서로서로 잘 살 수 있는 풍요로운 경제가 홍익경제입니다.

제1차 경제개발 5개년계획(1962)부터 제7차 경제개발 5개년계획(1996)까지 설정한 우리나라의 비전은 ① 기본 이념의 핵심 가치관은 민주주의와 시장경제, 핵심 목표는 안정된 국민생활의 창달이고 ② 꿈에 그리는 미래는 선진경제 수준의 달성으로 국민의 힘을 뭉칠 수 있었습니다. 우리나라의 새 비전을 검토하는 데 다음과 같이 제안하고자 합니다. ① 기본 이념은 홍익인간弘益人間, 핵심 가치관은 자유민주주의와 시장경제, 핵심 목표는 일류선진국인 부민강국富民强國 ② 꿈에 그리는 미래는 10~30년 간의 담대한 목표로 교육·과학기술·경제·문화의 창조혁신생태계 중심지, 선명한 표현은 2030년 1인당 국민소득 5만 달러, 2050년 10만 달러 등입니다.

홍익경제는 새로운 발전 틀입니다. 질적으로 한 걸음 뛰어오르기 위한 경제 성장 틀의 전환이고 융·복합을 통한 새 성장 동력과 일자리 창출입니다.

우리나라의 비전은 우리 특성에 알맞고 필요한 산업마다 대표적 기업, 지역마다 대표적 산업 및 대표적 지역을 만들어 나라 전체를 일류 선진국으로 만드는 것입니다. 우리나라에는 반도체, PC, 휴대폰, TV, 자동차, 조선, 화학 등에 이미 여러 선진국을 앞서는 대표적 기업이 있습니다. 그러나 모든 산업에 대표적 기업이 있는 것은 아닙니다. 우리나라가 범지구적 경쟁력 강화를 위해 체제를 구축하려면 대표적 기업과 산업을 육성해야 합니다. 대표 산업을 육성하여 한국 표준을 세계 표준으로 만들어야 합니다. 아울러 국가대표 지역을 육성해야 하며 국가대표 금융기관을 키워야 합니다. 그래서 우리나라의 돈을 달러처럼 세계의 돈으로 만들어야 합니다. 세계 수준의 종합연구대학과 전략 연구소^{싱크탱크}를 육성해야 하며 전 국토를 아름다운 홍익창조혁신생태계도시로 만들어야 합니다.

이제 한국적 모형으로서 홍익경제발전모형을 설명하기에 앞서 인적 자본과 경제 발전에 관한 기본 개념을 이야기하겠습니다.

2) 경제 발전과 인적 자본

[물음]
경제 발전을 저해하는 기본적인 요인은 무엇인가요?

[답변]
무엇이 경제를 발전시키는가를 이해하기 위해서는 경제를 낙후시키는 기본적인 조건을 이해하는 것이 필요합니다. 경제 발전을 저해하는 기본적인 요인으로는 ① 인적 자본의 결여 ② 기회를 인식하고 포착하는 능력의 부족 ③ 기회를 이용하는 동기의 결여 ④ 기회의 결여 등을 들 수 있습니다. 이 조건들은 개별 경제주체나 전체 사회에도 적용할 수 있지요. 정치적 혼란이나 자연 재앙은 없지만 천연자원이 매우 빈약한 환경에서도 빠른 경제 성장이 이루어진 경우가 있습니다. 이 경우 이용할 경제 발전의 기회가 있었기 때문에 경제 발

전이 가능했음을 볼 수 있습니다. 그리고 개방경제 아래서 기회는 외부에서 생기는 것이 아니라 국민들의 소망을 통한 통찰력 및 역량에 따라 주어지는 것입니다. 그러므로 기회는 내부에서 생겨나는 것이라고 볼 수 있습니다. 그렇다면 결국 기회는 사람이 잡는 것이기 때문에 ④는 ①과 결합될 수 있습니다. 또 기회를 인식하고 포착하는 능력의 부족과 기회를 이용하는 동기의 결여, 이들 두 가지 요인이 경제 발전의 가장 큰 장애요인이 됩니다.

경제발전 이론은 인적 자본, 정보 및 경제적 동기에 관한 이론입니다. 인적 자본의 경제적 정의는 기회를 인식하고 포착하며 성취하는 능력입니다.

경제발전 이론은 인적 자본, 정보 및 경제적 동기에 관한 이론입니다. 인적 자본의 경제적 정의는 기회를 인식하고 그 기회를 움켜잡아내어 성취하는 능력입니다. 즉, 정보를 획득하고 소화하는 능력 및 어떤 경제적 목표를 성취하는 사람의 역량이지요. 기회는 누구에게나 빗방울처럼 옵니다. 하지만 노력하고 준비된 사람만이 그것이 기회라는 것을 알고 움켜잡아서 성취할 수 있습니다. 이렇게 기회를 인식하고 움켜잡아내는 역량은 기업가, 근로자나 정부 관료뿐만 아니라 정치인을 비롯하여 모든 국민에게 반드시 필요한 능력입니다.

그러면 이런 인적 자본을 경제 발전에 도움이 되게 하려면 어떻게 해야 할까요? 우선 국가는 모든 국민이 자신에게 주어진 기회를 잘 이용하도록 동기 부여를 해야 합니다. 또 기회와 동기를 이용하는 사람들이 염치와 정의감을 가지고 이를 제대로 활용해야 합니다. 여기서 말하는 염치나 부끄러움은 정보와 기회를 잘 인식하고 움켜잡아내서 부자가 된 사람이 가난한 사람을 보면 느끼는 부끄러움 같은 것입니다. 세상에는 '하고 싶어도 할 수 없는 일'이 있고 '할 수 있지만 하지 않는 일'이 있습니다. 염치를 안다면 멀쩡한 집을 가진 사람이 저소득층을 위해 지어진 주택을 가로채서 재산을 불리지 않을 것입니다. 또 그 돈을 숨기거나 빼돌리려고 기를 쓰지 않을 것입니다. 모든 국민이 염치에 눈을 떠서 건전한 가치관이 바로 서는 것이 국가 경제 발전의 진정한 원동력이 될 것입니다.

(1) 인적 자본과 경제 발전

인적 자본은 경제 발전을 위한 가장 중요한 변수입니다. 인적 자본은 지식과 기술과 같은 '지식 자본'과 발전정신, 발상, 가치관, 윤리관 같은 '정신 자본'으로 나눌 수 있습니다. 인적 자본을 가치로 바꾸어 계산할 때 지식 자본의 가치는 약 70%, 정신 자본의 가치는 약 30%로 평가된다고 합니다. 그러나 일반적으로 지식 자본은 정신 자본에 의해 역할이 만들어지고 실천된다고 하니 그런 의미에서는 정신 자본의 역할이 더 중요하다고 할 수 있습니다.

그럼 인적 자본의 수준은 어떻게 평가할까요? 인적 자본은 교육의 양과 질로 측정할 수 있습니다. 교육의 양은 주로 교육 기간이 얼마만큼 긴지, 짧은지로 나타낼 수 있습니다. 교육의 질은 국제적 비교가 가능한 평가득점, 학생 한 사람당 교육비로 계산할 수 있습니다. 1970~1989년 우리나라의 학생 한 사람당 교육비는 355%나 증가했습니다. 뿐만 아니라 우리나라 학생들의 학업 성취도는 다른 나라에 비해 뛰어난 성적을 보이고 있습니다.

인적 자본과 효과적인 정책이나 전략이 결합하면 잠자던 혁신이 힘을 일깨워 밖으로 치솟을 환경이 만들어집니다. 좋은 정책이나 전략은 진공 상태에서 갑자기 튀어나오는 것이 아니라 이미 있어 왔던 인적 자본의 수준에서 이끌려 나옵니다. 우리나라가 선진국 경제를 추격하는 과정에서 인적 자본과 성과주의 산업 정책이 중요한 역할을 하였습니다.

산업화가 시작되던 시기 우리나라에는 물적 자본은 거의 없었지만 다른 후진국에 비해 인적 자본이 상당히 앞서 있었습니다. 이렇게 인적 자본이 다른 나라에 비해 뛰어나다는 것은 천연

자원의 부족, 물적 자본의 희소성 및 제한된 국내 시장 규모에도 불구하고 우리나라의 빠른 경제 성장에 큰 도움이 되었습니다. 물론 여기에 유능한 정책 수립과 낮은 임금이 함께 역할을 했지요. 지식기반경제의 성공을 위해서도 인적 자본과 성과주의 산업 정책의 상승 작용은 강력한 역할을 해야 합니다.

(2) 정책으로 증강된 인적 자본

'정책으로 증강된 인적 자본'이란 경제 발전을 위한 로드맵(단계별 안내도 또는 전략)과 유능한 지도자가 있는 인적 자본을 말합니다. 민간업계와 정부는 무역과 생산물 전문화의 방향, 경제 성장의 가속화라는 공동 목표를 가지고 있습니다. 로드맵에는, 이런 공동 목표를 이루기 위한 인적 자원의 공동 관리, 위험의 부담과 경제활동의 민·관 사이의 조정 등과 같은 협력의 범위를 담고 있습니다.

효과적인 발전 전략을 짜고 실행할 능력도 인적 자본의 몫입니다. 넓은 의미에서 이 능력은 불리한 조건 아래서 효과적인 국민정부를 확립할 수 있는 정치지도자의 능력입니다. 경제적 의미에서 이는 불완전한 정보가 주어진 상태에서 개발된 산업을 선정하고 투자활동을 조정하는 능력입니다. 그런 지도자는 '공공의 이익'을 추구하는 지도자입니다. 산업화가 시작될 때 우리나라에는 물적 자본은 거의 없었지만 다른 후진국에 비해 인적 자본은 상당히 앞서 있었습니다. 이는 우리나라의 빠른 경제 성장에 큰 도움이 되었습니다. 정책으로 증강된 인적 자본은 경제 발전에 대한 단계별 안내도나 전략이 없는 인적 자본보다 가동률을 높여 더 효율적인 자원 배분이 이뤄지게 하고 인적 자본의 서비스 양을 증가시키게 합니다.

(3) 인적 자본이 풍부해도 경제 성장을 이루지 못하는 이유

기업가적 능력과 정책 수립 능력은 산업화를 성공으로 이끄는 중요한 요소입니다. 그러나 양질의 인적 자본이 있다고 반드시 효과적인 산업 정책이 만들어지는 것은 아닙니다. 필리핀과 중국의 예를 살펴봅시다.

필리핀은 제2차 세계대전 이후 동아시아에서 일본 다음으로 제2의 경제적 성과를 이룩한 나라입니다. 그렇지만 필리핀의 경제 성장률은 1960년대부터 다른 동아시아 나라들에 비해 뒤떨어지기 시작했습니다. 2009년 아시아개발은행 보고서는 필리핀이 지속적으로 높은 성장률을 달성하지 못한 이유로 제도와 사회적 기반시설의 취약성, 정치적 불안정, 성장을 방해한 역사와 문화를 들었습니다. 또한 지주 귀족 계급들의 지배로 토지 자본이 효율적으로 산업 부문에 재분배되지 못했습니다. 이런 점들이 역동적인 자본주의 경제가 나타나는 것을 막았습니다.

이에 비해 우리나라와 타이완은 토지개혁을 통해 소득과 부의 분배 구조를 개선했습니다. 뿐만 아니라 토지 자본을 산업 자본으로 바꾸는 데 성공하여 금융과 물적 자원을 효율적으로 이용할 수 있었습니다.

1980년대 이전의 중국 경제는 공산주의로 인하여 발전하지 못했습니다. 경제적 차별화를 포기하고 평등주의를 내세웠기 때문입니다. 반면 개방 이후에 인적 자본은 경제적 차별화에 따른 적절한 보상으로 중국 경제를 빠르게 발전시킨 동력이 되었습니다.

우리나라는 나라 밖과의 무역 등 대외 지향적 정책을 썼습니다. 이와는 달리 아르헨티나 브라질 같은 라틴아메리카 나라들은 국내 천연자원과 소수의 산업에 너무 많이 의존하는 대내 지향 정책을 쓰는 한편 사회・경제적으로 불평등한 계급 대립 때문에 경제적 차별화에 실패하였습니다. 결과적으로 그 나라들은 인적 자본에 비해서 상대적으로 기대 이하의 성과를 내게 되었습니다.

2. 홍익경제발전모형

[물음]
지식·혁신기반경제에서 창의적 인적 자본을 효과적으로 활용하려면 어떻게 해야 할까요?

[답변]
지식·혁신기반경제에서 창의적 인적 자본을 효과적으로 활용하려면 다음과 같은 일에 집중해야 합니다.

1. 노동과 노동시장을 보다 유연하게 혁신해야 한다.
2. 특허, 저작권 등 지식재산권 보호에 힘쓰고 엄격히 관리해야 한다.
3. 마음껏 도전하고 실험할 수 있는 경제적 환경을 만들어야 한다.
4. 청년들이 도전적으로 창업할 수 있도록 좋은 창업 생태계를 만들어줘야 한다.
5. 고등교육을 받거나 숙련된, 생산적인 인적 자본을 많이 확보해야 한다.
6. 지역을 성공적인 첨단 산업 중심지로 만들기 위해 투자와 규제개혁을 해야 한다.
7. 주요 연구대학과 연구소가 제 역할을 할 수 있도록 다양한 지원을 해야 한다.
8. 창조·혁신 시대에 맞게 청소년 근로자들을 위한 채용 전략을 새롭게 짜야 한다.
9. 정부는 사회적 결집을 이룰 새로운 체제를 만들고 자유시장경제를

감시하되 질식시키지는 않도록 해야 한다.
10. 지역 공동체를 강하고 결속력 있게 만들어서 중심적 역할을 잘 할 수 있게 해야 한다.

　일반적으로 인적 자본과 물적 자본은 경제가 성장하는 데 그 원천으로서 어느 하나 빼놓을 수 없이 중요합니다. 그러나 홍익경제발전모형은 물적 자본의 바탕에 있는 인적 자본을 더 중요한 것으로 강조합니다.

　홍익경제발전모형은 창의력과 상상력이 정보통신기술 및 과학기술과 융합하여 산업과 산업 사이의 벽을 허무는 것으로 시작됩니다. 이렇게 협력의 문화 위에 혁신과 창조의 꽃을 피워 새로운 성장 동력과 시장을 만들어 부가가치와 좋은 일자리를 만들어 내는 것이 바로 홍익경제발전모형이지요. 이로써 새로운 경제 성장 동력들이 경제 발전을 이끌고 이를 통해 국민의 삶의 질이 향상되는 선도형 경제 발전으로 나아갈 수 있게 됩니다.

　홍익경제의 주역은 시장과 기업 및 정부입니다. 농경사회에서는 농사만 잘 되면 백성이 잘 살 수 있었습니다. 그런데 오늘날 국민을 먹여 살리는 것은 제2차 혹은 제3차 산업입니다. 또 가계에 속한 개인이 농산물을 생산하던 농경시대와 달리 지금은 생산물의 대부분을 기업이 생산합니다. 그러므로 국민이 풍요로운 삶을 살기 위해서는 나라 안에 범지구적 경쟁력을 가진 기업이 많아야 합니다.

'범지구적 경쟁력'이란 언제라도 1등할 수 있는 위치에 있는 상태를 말합니다. 이런 기업들이 경쟁우위를 가지고 있다고도 합니다. 경쟁우위는, 어떤 기업이 경쟁하는 다른 기업과 비교하여 경영효과 면에서 더 나은지 여부를 판단하는 개념입니다. 우리나라 기업이 모두 경쟁우위를 가지고 있으면 우리나라 자체가 경쟁력을 갖는 것입니다. 따라서 기업의 경쟁력은 곧 국가의 경쟁력입니다.

경쟁우위는 두뇌를 기반으로 하는 지식경쟁입니다. 따라서 경쟁우위를 가지려면 무엇보다 우수한 인적 자본을 확보해야 합니다. 경제 발전에 따라서 어떤 분야의 인적 자본이 중요한지 그 순서가 바뀌고 있습니다. 즉, 후진국의 경쟁력은 주로 근로자와 정치가, 행정 관료에서 나옵니다. 그런데 선진국의 경쟁력은 근로자, 기업가, 전문가에 의해 결정됩니다.

정부는 이런 기업이 가진 경쟁력을 충분히 발휘할 수 있도록 안전을 보장해주고 질서 유지 등에 힘써야 합니다. 그러나 시장질서를 지킨다는 '아름다운' 명분으로 시작된 규제를 만들어 기업

활동의 발목을 잡는 일이 생기지 않도록 조심해야 합니다.

홍익경제발전모형은 다섯 개의 명제로 구성되어 있습니다. 명제란 참이나 거짓을 가리기 위해 어떤 논리적 판단의 내용을 언어, 기호 등으로 나타낸 것입니다. 처음 세 개의 명제에서는 홍익경제의 독특한 명제와 일반적인 명제를 나란히 두어 설명하였습니다. 다시 말해 다음에 쓴 1~3까지의 명제 중 (가)는 일반적인 논리이며 (나)는 홍익경제의 특수한 논리입니다. (가)와 (나)를 비교하여 인적 자본과 물적 자본이 경제 성장의 원천으로서 그 중요성이 어떻게 다르게 강조되는지 살펴보는 것입니다.

1) 경제 성장 속도를 결정하는 인적 자본

명제 1. (가) 일반적으로 인적 자본은 생산물의 전문화, 무역의 본질과 방향, 경제 성장 속도 등을 결정합니다. 인적 자본에 축적된 경제적 기회를 알아차리고 그 기회를 움켜잡는 능력, 기술을 흡수하는 능력, 새로운 기술에 적응하는 능력들은 전략, 성과제도의 확립 방법, 새로운 기계와 기술의 사용 방법, 생산 요소의 결합 방법, 제품의 판매 방법을 결정합니다. 아이디어가 인간 문명의 역사에서 유일하고 가장 유력한 힘이고 물적 자본은 인간

아이디어를 밖으로 드러내도록 해준다는 면에서 인적 자본은 물적 자본만큼 중요합니다.

명제 1. (나) 지식·혁신기반경제에서 혁신과 무역의 본질과 방향, 생산물의 전문화 및 경제 발전과 혁신의 방향과 속도를 결정하는 것은 '정책으로 증강된 인적 자본'입니다. 정책으로 그 힘을 얻은 창의적·혁신적 인적 자본을 얼마만큼 모을 수 있는가에 지역 성장과 혁신의 열쇠가 달려 있습니다. 따라서 정책으로 증강된 창의적·혁신적 인적 자본이 있다는 말은 경제 발전을 위한 홍익인간형 창의적·혁신적 인적 자본을 강화하기 위한 구체적인 전략과 홍익인간형 유능한 지도자가 있는 것을 말합니다.

효과적인 지식·혁신기반경제를 수행하기 위해 정부는 높은 인적 자본을 활용하여 지식기반시대에 걸맞은 지식과 자본을 생산하여야 합니다. 그래서 창의성에 바탕을 둔 선도형 성장을 할 수 있는 역량과 제도적 기반을 다지는 데 집중해야 합니다. 우리나라에는 인적 자본이 충분히 쌓여 있습니다. 이 인적 자본을 활용하여 새로운 지식을 창조하고 혁신하여 홍익인간형 인적 자본을 만들어낼 수 있습니다. 이는 연구개발과 정신 자본에 대한 투자를 강화하는 것을 의미합니다.

홍익지식기반경제에서는 지식 자본과 정신 자본으로 이루어지는 인적 자본 중에서 정신 자본을 더 강조합니다. 무엇을 할 것인지, 어디로 갈 것인지 뚜렷한 목적과 방향 의식을 가지고도 그것을 이끌어가는 정신 자본이 없으면 경제 발전은 이루어지지 않습니다. 뿐만 아니라 경제적 문제만큼이나 심리적·정신적 문제가 중요하기 때문에 이에 관련된 효과들이 정책적으로 보강되도록 노력해야 합니다. 심리적 효과와 긴밀하게 연결된 창의적이고도 혁신적인 성과주의 정책을 가진 나라는 그렇지 못한 나라보다 정치적 안정과 경제 발전을 빠른 속도로 이룩할 수 있습니다.

지식·혁신기반경제에서 창의적 인적 자본을 효과적으로 활용하기 위해서 집중해야 할 일들은 다음과 같습니다.

① 노동과 노동시장을 혁신하여 보다 유연한 노동시장으로 만들어야 합니다. 평생 고용을 약속받는 정규직 근로자는 재교육을 비롯하여 다양한 복지 혜택을 누리고 봉급 수준도 높습니다. 그러나 비정규직 근로자는 몇 주에서 몇 달까지 단기고용 계약을 맺지만 쉽게 해고됩니다. 회사는 그 근로자를 위해 아무 투자를 하지 않고 임시로 쓰는 것입니다. 정규직이든 비정규직이든 인적 자본의 질을 높이는 데는 한계가 있습니다.

투자가 많지 않은 것은 자본의 생산성이 낮기 때문입니다. 그런데 그 밑바탕에는 경직된 노사관계로 인한 노동의 양과 생산성의 문제, 노동시장의 유연성 문제가 깔려 있습니다. 근로자들은 자기가 가진 기술의 유용성을 유지하는 기간이 예전보다 짧아졌다는 것을 받아들여야 합니다. 그래서 평생학습을 필수로 여겨야 합니다. 또 기업도 급격한 변화를 미리 내다보고 준비해야 합니다.

노동시장이 유연해지면 일을 하면서 재교육을 받는 등 자신의 가치를 높이고 새로운 일을 찾을 수 있는 기회를 근로자들에게 제공할 수 있습니다. 이를 위해서는 교육제도도 창의적이고 혁신적으로 유연해져야 합니다. 한번 정규교육을 받고 끝나는 것이 아니라 직장을 다니다가도 혹은 다니는 중이라도 스스로의 역량을 강화할 수 있는 평생교육제도가 필요합니다. 혁신 주도적 경제에서는 혁신적인 해결책만이 잘 움직여 돌아갈 것입니다. 그러므로 정책을 만드는 사람은 교육과 훈련의 새로운 수요를 충족시켜야 하고 효과적인 규제 방법을 도입해야 합니다.

② 지식·혁신기반경제의 본질은 눈에 보이지 않는 생산 요

소를 새롭게 조명하고 강조하는 것입니다. 이런 무형의 지식을 이해하고 보호하기 위해 특허, 저작권 등 지식재산권 보호에 힘쓰고 엄격히 관리해야 합니다. 이는 원가만 줄이려는 기업 경영에서 가치를 만들어내는 기업 경영으로 나아가야 한다는 것을 의미합니다.

③ 지식·혁신기반경제의 핵심인 창의력을 발휘하기 위해서는 마음껏 도전하고 실험할 수 있는 경제적 환경을 만들어야 합니다. 특허권이나 저작권 등 지식재산권을 이용한 신생 벤처기업에 적절한 지원을 해주어야 합니다. 기업가 정신을 발휘하는 토양을 조성하기 위해서는 부조리를 없애고 정직한 도전과 실패를 받아들이는 사회적 분위기가 필요합니다.

④ 새롭고 좋은 일자리를 늘리기 위해서는 기업가적 청년 창업이 많이 이뤄져야 합니다. 실패의 두려움 없이 도전적으로 청년 창업을 하도록 하려면 좋은 창업 생태계를 만들어줘야 합니다. 이들에게 좋은 창의적·혁신적 공학과 과학 교육을 장려하고 모든 국민에게 창의적·혁신적 기초 교육을 제공해야 합니다. 다시 말해 기술적 기업가정신을

가르치는 것입니다.

새로운 첨단기술 회사를 창업하는 사람 중 공학기술자, 생물학자, 의사, 과학자, 컴퓨터 전문가가 많은데 이들은 창업 경영에 대한 지식이 부족합니다. 이들에게 첨단기술 창업 경영의 이론을 가르쳐야 하지만 기업가정신을 가르치는 MBA 창업 과정은 이들에게 열려 있지 않습니다. 그래서 대학에서 공학, 생물학, 물리학, 화학, 컴퓨터과학, 의학 등을 공부하는, 미래의 기업가인 학생들에게 성공적인 창업 방법을 가르칠 필요가 있습니다. 또 일반 고등학교 학생들, 직업학교에서 배우는 기술자들에게도 기술적 기업가정신을 가르쳐야 합니다.

창업은 돈을 벌고자 하는 것이 아닙니다. 창업 그 자체가 동기가 되어야 합니다. 돈은 성공한 사업에서 자연히 생기는 부산물입니다. 그리고 창업의 실패에 대한 두려움이 없는 문화가 정착되어야 합니다.

⑤ 홍익지식기반경제에서는 지역 성장과 혁신의 열쇠가 창의적·혁신적 인적 자본이 얼마나 많이 모여 있는가에 달려 있습니다. 고등교육을 받거나 숙련된, 생산적인 사람

을 많이 확보하는 것은 사업비용을 줄이는 것보다 더 중요합니다. 이런 인적 자본을 많이 모으는 것이 경제 성장에 중요한 이유는 이후 그들을 고용하고 그 회사에 투자할 투자자들을 끌어들일 산업을 유치할 수 있기 때문입니다.

⑥ 홍익지식・혁신기반경제에서 잊지 말아야 할 중요한 점은, 현대 사회에서는 사회적 자본에서 창의적・혁신적 자본으로 중심이 이동하고 있다는 점입니다. 또 창의적・혁신적 인재가 어디서 살 것인가의 문제도 중요하게 됩니다. 회사들은 아직도 중요한 역할을 하지만 재능 있고 창의적・혁신적인 인재들이 있는 곳으로 옮겨가고 그곳을 중심으로 창업하게 됩니다. 기술 산업을 세우는 데 가장 중요한 것은 회사가 인재들이 있는 곳에 있어야 한다는 점입니다.

⑦ 주요 연구대학과 연구소가 있다는 것은 지식・혁신기반경제에서 가장 바탕이 되는 요소입니다. 이는 경쟁력을 높이는 숨어 있는 힘이기 때문에 커다란 이점이 될 수 있습니다. 그런데 지역 발전에 도움을 주기 위해서 대학은 다음과 같은 역할을 해야 합니다. 첫째, 대학은 소프트

웨어에서 생물공학에 이르는 분야의 첨단연구 중심지이며 새로운 기술의 중요한 원천이어야 합니다. 둘째, 대학은 효과적으로 인재를 끌어들이며 유명한 연구원과 과학자를 모여들게 합니다. 그래서 대학원생들이 모이게 하고 자회사를 설립하게 합니다. 셋째, 대학은 창의적인 계층을 모이게 합니다. 그리고 그들을 모아들이는 데 필요한 진보적 · 개방적 · 포용적 · 능률적인 풍토를 만드는 것을 돕습니다.

⑧ 지식 자본을 경제적 부富로 바꾸기 위해서는 주변의 지식 기반경제 공동체가 그 사회 구조 속으로 지식 자본을 받아들이고 활용할 수 있어야 합니다. 창조 · 혁신 시대에 청소년 근로자들은 이전과 달리 첨단기술을 지니고 있고 성실하며 더 열심히 일할 수 있습니다. 더구나 위험을 무릅쓰며 도전정신도 강하지요. 그러므로 청소년 근로자들을 위한 채용 전략을 새롭게 짜야 합니다.

⑨ 물적 자본은 세대에서 세대로 대물림되고 저절로 실행되거나 지속될 수 있습니다. 하지만 창의 · 혁신성은 그렇지 않습니다. 그래서 이를 이용하는 회사와 지역사회에서 끊

임없이 길러내야 하고 재생산되어야 합니다. 창의·혁신성이 경제 발전의 원천이라면, 또 우리가 지속적인 번영을 원한다면 온갖 형태의 창의·혁신성에 투자해야 합니다. 예를 들어 공장 작업장에서 근로자들이 창의적 노동 방식으로 창의·혁신성을 개발할 수 있도록 하면 이것이 장기적인 경제 성장과 발전에 도움이 될 것입니다.

전통적 가치관과 가족 문화가 무너지고 이념의 대립으로 사회가 하나로 뭉치는 힘이 약해졌다고 많은 사람이 말합니다. 사회가 변화하면서 분열이 일어나는 것은 당연한 일입니다. 개인과 단체를 비롯한 사회 구성원들은 그 경제적 역할이 달라졌습니다. 그래서 예전과는 달리 서로 관계를 맺기 어렵습니다. 오늘날의 사회 구성원은 서로 다른 방식으로 일하고 다른 종류의 삶을 원하기 때문입니다.

그러나 분열되고 모순된 사회에서는 탄탄한 지식·혁신기반경제를 유지하기 어렵습니다. 다양하고 개방적인 공동체가 창의성을 자극하고 혁신을 일으킵니다. 이런 집단이 경제를 발전시키고 부자가 될 가능성이 높습니다. 이런 사회가 되려면 사회적 결집을 이룰 새로운 체제를 만들어내야 합니다. 이를 위해 정부는 기업과 정치권력이

유착되는 것과 부패를 막고 자유시장경제를 감시하되 질식시키지는 않도록 해야 합니다.

⑩ 지역 공동체는 지리적으로 뿌리를 내리고 있기 때문에 거의 끊임없이 지속되는 사회 단위입니다. 이런 공동체를 강하고 결속력 있게 만들어서 중심적 역할을 잘 할 수 있게 하는 것이 사회 구성원들에게 주어진 임무입니다. 그러면서도 우리 삶에 계속 닥치는 변화와 이동의 필요성을 받아들여야 합니다.

2) 국부는 산업 포트폴리오 및 기술과 산업의 융·복합으로 결정

[물음]
제4차 산업혁명을 성공적으로 이뤄내려면 어떤 조건이 필요한가요?

[답변]
제4차 산업혁명을 성공적으로 이뤄내기 위해서는 다음과 같은 요건이 갖춰져야 합니다.

1. 기하급수적으로 늘어나는 자료의 양을 처리할 수 있는 잘 개발된 디지털 기반시설이 필요하다.
2. 생산 공정의 디지털화와 네트워킹으로 연결된 기기의 수가 엄청나지는 것에 대비해야 한다.
3. 업무가 어떻게 디지털적인 방법으로 진행되고 있는지 경영자나 근로자, 일반 대중 사이에 공유하는 것이 필요하다.
4. 제4차 산업혁명이 여러 지역의 중소기업들로 퍼져나가 그들의 사업 모형의 확고한 요소가 되도록 해야 한다.
5. 직업 훈련은 새로운 과제와 발을 맞추고 시대에 뒤떨어진 경험을 가진 사람들에게는 새로운 교육을 추가적으로 해야 한다.
6. 우리나라가 주요 수출국이자 세계에 공장설비를 공급하는 나라가 되려면 국제 협력을 추진해야 한다.

명제 2. (가) 경제가 낙후되는 것은 산업이 다양하지 못해서입니다. 산업의 다양성을 추구하는 산업 포트폴리오가 시간이 흐름에 따라 달라지는 것은 의도적 경제 정책으로 만들어지는 현상입니다.

산업 정책은, 미래에 비교우위가 있고 어느 정도 규모를 이룰 잠재력이 있는 산업들을 키워내는 것을 기본 전제로 삼고 있습니다. 새로운 산업이 계속 성장하면 수출진흥 체제로 바뀌어야 합니다. 국내 시장 규모는 제한되어 있는 데다 새로운 성장 동력을 찾아야 하기 때문입니다. 국내 시장 규모가 비교적 작은 우리나라에서는 규모의 경제를 달성하기 위해 반드시 수출시장을 개발해야 합니다. 한 나라는 경제 성장을 촉진하기 위한 정책을 펼쳐서 비교우위와 규모의 경제를 전략적으로 만들어갑니다. 그 결과 산업 구조를 변화시킬 수도 있습니다.

다양하고 생산적인 산업 포트폴리오를 많이 가지고 있는 선진국이 되기 위해서는 응용과 창의 혁신에 바탕을 둔 선도형 경제 발전을 병행해야 합니다. 선도형 경제 발전이란 창의적 인적 자본과 부가가치가 높고 고용 창출을 많이 하는 산업이 성장의 원동력이 되는 산업 구조를 말합니다.

명제 2. (나) 홍익지식·혁신기반경제를 만들어내려면 발전의 틀을 바꾸어야 합니다. 이전에는 생산기술과 정보기술의 융합, 대기업, 개별 기업군, 주력 산업이 중심이었습니다. 그런데 이런 구조를 상생과 협업을 통한 벤처와 중소기업으로 이뤄진 생태계로 중심을 이동하는 것입니다. 또 원가 중심의 경영에서 가치 중심의 경영으로 바꾸어야 합니다. 가치 창출은 동전의 양면과 같습니다. 앞면은 과학기술이고 뒷면은 기업이지요. 지금 우리는 사업 모형, 생산성, 근로자의 기술, 연구개발 및 혁신에서도 급진적 변화를 일으키는, 거대한 경제적 도전 앞에 서 있습니다. 이 상황에서 제4차 산업혁명인 디지털화에 성공해야만 경쟁에서 이길 수 있습니다.

　제4차 산업혁명은 생산기술과 정보기술을 통합한 인공지능, 로보틱스, 3D 프린팅, 빅 데이터, 사물인터넷, 바이오테크놀로지 등의 눈부신 발전으로 새로운 수준의 가치사슬을 만들어내는 것입니다. 인공지능에서 지능이란 암기력, 분석력, 추리력, 직관력, 창의력 등이 융합된 것을 말합니다. 이 중 가장 높은 단계의 지능은 창의력입니다. 우리에게 잘 알려진, 바둑 두는 알파고도 인공지능의 산물입니다. 알파고는 암기력, 분석력, 추리력을 넘어 직관력까지 인간의 지능을 쫓아온 것으로 보입니다. 아직 창의력은 인공지능이 건드리지 못하는 인간만의 능력이라는 것이지요.

　로보틱스는 로봇에 관한 과학이자 기술을 말합니다. 로봇을 설계·제조하거나 응용 분야를 다루는 로봇공학을 일컫는 것입니다. 또 빅 데이터는 기존의 방법이나 도구로는 수집·저장·분석 등이 어려울 정도로 방대한 양의 자료로부터 가치를 뽑아내고 결과를 분석하는 기술입니다. 빅 데이터 기술을 활용하면 복잡한 현대 사회의 변화를 더욱 정확하게 예측해낼 수 있습니다. 이를 통해 사회 구성원마다 맞춤형 정보를 제공하고 관리·분석할 수 있습니다. 이런 빅 데이터는 사회의 모든 영역에서 가치 있는 정보를 제공할 수 있어 그 중요성이 강조되고 있습니다.

사물인터넷은 스마트폰이나 PC뿐만 아니라 냉장고, 세탁기, 자동차 등 모든 사물이 인터넷에 연결되는 것을 말합니다. 우리 주변의 각종 전자기기에 통신·센서 기능을 장착해 기계가 스스로 자료를 처리해서 자동으로 움직이게 해주는 기술입니다. 예를 들면 운전자가 없는 자동차나 외출해서도 스마트폰으로 조정할 수 있는 가정의 전자제품 등입니다.

바이오테크놀로지는 생명공학기술을 말합니다. 생명활동의 구조를 과학적으로 풀어내고 그 구조나 생명활동 자체를 산업기술에 응용하는 기술입니다. 이미 생명활동의 기본인 유전자 DNA를 조작하고 다른 생물의 유전자에 이식하는 등의 기술이 완성되어 여러 가능성을 기대하게 하고 있습니다.

산업의 디지털화를 이끌어가는 과정에서 논란이 되는 것은 자료의 보안 문제입니다. 특히 중소기업에서 이는 커다란 문제입니다. 디지털 네트워크 체제 아래서는 기업의 지식과 기법이 다른 기업에 쉽게 새나갈 수 있기 때문입니다. 그러나 이런 상황이 두려워 디지털 경제로 나아가는 것을 피하기보다는 정보와 자료의 안전보장에 더 많은 힘을 기울이며 과감히 디지털화에 동참하는 것이 장래를 위해 도움이 될 것입니다.

제4차 산업혁명은 엄청난 도전인 동시에 엄청난 기회입니다. 사무실이나 공장, 물류와 다른 모든 부문이 연결되어 새로운 형태의 생산을 해낼 것이기 때문입니다. 그러나 이를 갖추기 위해 기반시설이나 자격 조건을 갖추는 것이 쉽지는 않습니다. 이런 점을 극복할 각오를 갖고 다른 나라들과도 동반자 관계를 가지도록 노력해야 할 것입니다.

21세기는 융·복합의 시대입니다. 그래서 나라와 나라 사이, 지역과 지역 사이의 경계가 사라지고 이런 현상은 제조업이나 금융업에서도 나타날 것입니다. 우리나라 산업의 비전은 '전 세계 산업의 균형적 발전을 추진하는 세계 분업 구조의 조정자'가 되는 것입니다. 이제껏 우리나라는 선진국을 뒤쫓아가는 발 빠른 추격자였지만 앞으로 세계 분업 구조의 조정자가 되려면 제4차 산업혁명을 반드시 성공적으로 이뤄내야 합니다.

그러기 위해서는 세계 시장이나 분업 구조를 역동적으로 발굴하고 개척해나가야 합니다. 또 차별화된 제품이나 서비스를 개발해야 하며 세계 시장을 체계적으로 활용해야 합니다. 과거의 제품이 공산품 중심의 하드웨어였다면 앞으로는 높은 부가가치를 이뤄내는 서비스 산업, 문화 산업 등 소프트웨어 중심의 제품이 되도록 디지털화해야 합니다.

소프트웨어는 산업의 틀을 바꾸는 데 방아쇠와 같은 존재입니다. 산업 경쟁력을 강화하고 전체 산업의 부가가치를 높이며 융·복합화 및 디지털 제조 혁명을 실현하는 데 반드시 필요한 핵심 요소입니다. 또한 제3차, 제4차 산업혁명의 핵심 기술의 하나로 창의성을 바탕에 둔 성장의 주요 요소가 바로 소프트웨어입니다.

소프트웨어 개발에 뒤처져 짧은 기간에 경쟁력을 잃어버린 대표적 기업으로 노키아Nokia를 꼽을 수 있습니다. 노키아는 1865년 핀란드에 설립된 휴대 전화 회사로 업계의 선두주자였지요. 1982년 노키아라는 이름의 첫 번째 디지털 전화기 스위치가 가동을 시작했고 1984년 휴대 가능한 전화기를, 1987년 포켓용 전화기를 출시했습니다. 1992년 휴대폰 시장의 선두 기업이 되었고 2년 뒤에는 세계 최초의 위성 통화에 성공했습니다. 노키아는 2011년까지 휴대 전화 분야의 시장 점유율 세계 1위였습니다. 하지만 스마트폰이 등장하면서 애플과 삼성전자 등에 추월을 당했습니다. 2014년 노키아의 휴대 전화 사업부가 마이크로소프트사에 팔렸고 이로써 휴대폰 시장에서 '노키아'라는 이름은 사라졌습니다.

노키아의 실패는 우리에게 커다란 교훈을 던집니다. 우리나라의 소프트웨어 산업도 미래가 그리 밝다고 할 수 없기 때문이지요. 소프트웨어 산업이란 소프트웨어를 개발하고 제작, 유통하며 관련 서비스 및 정보 시스템을 만들고 운영하는 산업입니다. 이제껏 우리의 소프트웨어 산업은 다른 제조업과 서비스업을 지원하는 의존적 산업으로 육성되어 왔습니다. 그래서 홀로 설 수 있는 힘을 갖추지 못했을 뿐 아니라 우리나라 패키지 소프트웨어의 세계 시장 점유율은 0.8%에 지나지 않습니다.

우리나라의 소프트웨어 산업이 발전하려면 다음의 몇 가지 문제가 해결되어야 합니다. 우선 소프트웨어 산업의 턱없이 부족한 인력을 양성해야 합니다. 상대적으로 임금 수준이 높은 이 직종의 인력을 키워내면 짧은 기간에 청년 실업률도 줄이고 전 산업에 경쟁력을 높일 수 있습니다. 둘째로는 우리나라 내부만을 상대로 했고 수요가 있을 때만 움직였던 산업 육성 방향을 바꾸어야 합니다. 더 넓은 시야를 가지고 범지구적으로, 시장 자립형으로 산업을 키워나가야 하지요. 이를 위해서는 대형 전문 기업을 키워내는 것을 목표로 다양한 제도를 시행해야 합니다. 셋째, 소프트웨어 벤처 사업의 창업 단계부터 외국 선진 시장에서의 활동을 지원하고, 국내로 선진 제품과 기술, 인력이 원활하게 흘러 들어올 수 있도록 체제를 만들어야 합니다. 넷째, 제조업 업종별로 범지구적 융합 소프트웨어의 표준 모형을 개발하는 연구 프로젝트를 추진해야 합니다. 나라 밖으로 진출하려면 범지구적으로 쓰이는 표준에 맞추어야 하는데 우리가 그 표준화에 앞장설 수도 있기 때문입니다. 다섯째, 세계 최고 수준의 IT 인프라를 구축하고 거기에 쉽게 접근할 수 있도록 하는 데 지속적으로 노력해야 합니다.

산업은 기업들로 이루어져 있습니다. 기업 모형은 나 홀로 모형과 플랫폼 모형의 두 가지로 나눌 수 있습니다. 나 홀로 모형은 뛰어난 역량을 가진 기업이 혼자의 힘과 기술로 경쟁을 통해 성공하는 모형입니다. 반면에 플랫폼 모형은 제품이나 서비스를 생산하기 위해서 가치사슬에 있는 다양한 기업들과 협동하고 함께 잘 살기 위한 망(네트워크)에 기초를 둔 경쟁을 지향하는 모형입니다. 이 모형은 기업 생태계에서의 경쟁과 협동 관계를 중시하지요.

플랫폼이란 비즈니스에서 여러 사용자 또는 조직 사이에 관계나 거래를 형성할 수 있는 정보 체제 환경을 말합니다. 일종의 매개의 장이지요. 자신의 체제를 개방하는 플랫폼 참여자 모두에게 새로운 가치와 혜택을 제공해줄 수 있는 체제를 말합니다. 플랫폼을 통해 수많은 조합이 생기고 진화의 잠재력이 커지면서 기업 생태계가 만들어집니다. 기업 생태계에서는 공정한 경쟁뿐만 아니라 상승하는 협력관계가 새로운 경쟁력의 원천이 됩니다. 그래서 신뢰를 바탕으로 한 관계의 교환이 더욱 중요합니다.

제품을 만드는 데 필요한 기술이 복잡해질수록, 융·복합이 많아질수록 수많은 특허와 가치사슬 안의 구성원들의 발상과 역량이 결합된 제품이 개발될 수 있습니다. 기업 사이의 경쟁이 기업 생태계 사이의 경쟁 구조로 바뀌게 되므로 '나 홀로' 개발은 점점 힘들어지고 비효율적이 됩니다.

홍익지식·혁신기반경제는 새로운 성장 동력 산업을 키워내고 좋은 일자리를 만드는 체제입니다. 새로운 성장 동력을 키우려면 정부와 민간 연구소, 외국 연구소가 연구하고 개발하여 가지고 있는 정보통신기술, 생명공학기술, 나노기술 등과 같은 첨단 기술을 원래 있던 산업과 융합하여 새로운 생산 산업의 포트폴리오로 삼아야 합니다. 그 결과 경제가 발전하는 것이지요.

지금 우리에게 가장 급한 문제는 빈부의 양극화를 해소하기 위해 중산층의 좋은 일자리를 만들어내는 것입니다. 창의적인 산업들은 창의적 계층과 기업가들에 의해 발전됩니다. 창의적 계층이란 구체적으로 새로운 발상, 기술 혹은 창의적 내용물을 창조하는 과학기술, 건축 및 디자인, 교육, 예술, 음악 등에 종사하는 사람들입니다. 그들은 존재 자체가 경제적으로, 혹은 사회적 및 문화적 역동성을 만들어냅니다. 전문 직종을 많이 늘려 중상층을 두텁게 하려면 창의적 인재들이 종사할 수 있는 전문적, 과학기술적 및 예술적 일자리가 많은 정보통신, 생명공학, 서비스 기반 산업 사이의 융합을 활발하게 시도해야 합니다. 그래야 창의적 일자리를 많이 늘릴 수 있고 여기에 넘치는 고학력 청년들을 흡수할 수 있을 것입니다.

1980년대 중반부터 ICT(정보통신기술) 혁명으로 인한 제2차 세계화가 이뤄졌고 생산 단계를 다른 나라에 만들어 가동하는 것이 쉬워졌습니다. 생산 단계란 연구개발, 디자인, 물류, 생산, 시장거래활동 등 생산과 유통에 필요한 각 단계를 말합니다. 그런데 세계 여러 나라의 임금 수준은 많은 차이가 있습니다. 기업은 그 막대한 임금 격차를 이용하여 이윤을 남길 수 있게 되었습니다. 그 때문에 많은 기업이 생산 단계를 외국으로 옮겼습니다.

이 새로운 모습의 세계화는 산업별이 아닌 생산 단계별, 직업 수준별 혹은 기술별로 다른 영향을 주었습니다. 그래서 생산을 계열 기업별로 국제적으로 분산시켜놓았지요. 이런 상황은 국제적인 가치사슬을 만들어냈습니다. 첨단 산업 국가의 기업들이 가진 그 기업 특유의 경영 기법, 기술 기법, 마케팅 기법들이 개발도상국들의 노동력과 결합하는 것입니다. 기업의 목적은 개발도상국의 낮은 임금을 활용하여 기업 특유의 가치를 만들어내는 것입니다.

새로운 패러다임(틀)의 세계화라는 제2차 세계화로 근로자들이 한 분야나 한 직장에서 평생을 보내는 일은 거의 없어질 것입니다. 근로자가 다른 분야나 직장으로 옮겨갈 때 그 몸값이 오르려면 경쟁력을 갖추어야만 합니다. 근로자의 경쟁력을 높이기 위해 그들을 재훈련하는 것은 물론이고 근로자들이 스스로 학습 욕구를 가지도록 도와야 합니다. 이런 일들이 정부가 할 일입니다. 평생교육과 기술 재훈련을 위한 동기와 교육기관을 제공하여 근로자들이 세계화 때문에 받을 고통을 줄여주어야 합니다.

노동시장이 좀 더 유연해지도록 노동 정책도 바뀌어야 합니다. 우리는 평생직장이라는 말을 좋아합니다. 하지만 직장에 한 번 들어가면 회사가 잘 돌아가든 그렇지 못하든, 일을 잘 하든 못하든 그 근로자를 회사가 데리고 있어야 하는, 이런 경직된 노동 상황은 일자리를 만들어내는 데 큰 장애 요인이 됩니다. 새 패러다임의 세계화는 개별적이고 갑작스러우며 예측하기 어렵기 때문에 노동시장의 유연성이 더욱 더 필요합니다.

작업이 세분화할수록 산업 정책은 만들기 어렵습니다. 정부에서는 다양한 생산 요소들이 얼마나 다른 나라들에 이동 가능한

지 고려하여 정책을 세워야 합니다. 어떤 산업이 정책의 관점에서 볼 때 잘 키워둘 가치가 있다 해도 잘 키워진 생산 요소가 우리나라에 계속 머물러 있을지 알 수 없기 때문입니다. 우리나라 안에서 생산하든 나라 밖에서 생산하든 우리 국민의 기업이 낸 이윤은 우리의 국민소득에 포함되기는 합니다. 하지만 국내에 좋은 일자리가 그대로 남아 있는지 아닌지는 큰 차이가 있습니다. 그러니 어떤 산업을 진흥할 것인가의 정책을 세울 때 기업의 국제적 이동을 고려하지 않으면 안 됩니다.

선진국 기업들은 나라 밖 어디에 생산을 배치하고 어느 곳에서 상품을 만들어낼 것인가에 대한 선택의 폭이 넓습니다. 그러나 연구개발이나 디자인 같은 제조 전의 공정과 시장거래 활동 등 제조 후의 서비스들은 여간해서는 개발도상국으로 보내지 않습니다. 이 서비스들이 이뤄지는 단계는 신속하고 유연하게 서로 작용하여 따라 하기 어려운 가치를 생산하는 단계입니다. 그래서 유능한 인재들이 모여서 이 일들을 해야 하지요. 대량생산기술은 상품 자체를 만드는 일에는 잘 작동하지만 제조 전과 후의 서비스에는 잘 적용되지 않습니다. 이런 문제 때문에 자연스럽게 선진국에서 공장 일은 나쁜 일자리가 되고, 제조 전과 제조 후의 서비스 업종은 좋은 일자리가 되었습니다.

3) 발전정신은 경제 발전의 필요조건, 평등주의는 발전정신을 질식시키는 충분조건

명제 3. (가) 경제 발전의 제1의 필요조건은 발전정신입니다. 발전의 주체가 되는 '사람'이 미래를 위해 나설 마음의 준비가 안 되어 있으면 아무리 풍부한 자본과 훌륭한 기술을 제공해도 발전할 수 없기 때문입니다. 그래서 경제 발전을 이루려면 '사람'의 발전정신을 일으킬 수 있는 동기와 유인 체계를 찾아내는 작업을 먼저 해야 합니다. 경제 발전을 위해서는 경제주체들의 발전정신과 협동, 주인 의식이 필요합니다.

우리나라를 포함한 많은 나라의 발전 과정을 보면 국민과 나라를 이끌어가는 주도 세력, 정치 체제의 이념적 성향이 발전 정책의 성공을 좌우했습니다. 1948년 대한민국 건국 초기에 정치를 주도한 사람들은 전체 국민의 사회적 능력을 극대화하는 데 힘썼습니다. 또 이에 필요한 홍익인간이념과 농지개혁 같은 제도개혁을 통해 국가 발전의 원동력이 되는 '새로운 국민'을 키워냈습니다. 이 '새로운 국민'이 대한민국의 기적적인 경제 발전을 이룩한 것이지요.

이때 실시되었던 제도개혁은 우리나라 역사상 처음 이뤄진

혁명적 개혁이었습니다. 제2차 세계대전 이후 새로 탄생한 140여 개의 나라 중에서 오직 대한민국에서만 이런 개혁들이 성공을 거둘 수 있었습니다. 이 제도개혁이야말로 대한민국의 경제 발전과 정치 민주화를 이룰 수 있게 한 비결이었습니다.

그러면 발전정신을 어떻게 이끌어낼 수 있을까요? 발전정신을 이끌어내기 위해서는 정부와 지도자들의 역할이 무엇보다 중요합니다. 그러므로 발전을 이루려는 강한 의지와 이념과 정신을 가진 사람들을 국민의 대표적인 지도자로 뽑아야 합니다.

명제 3. (나) 경제적 차별화는 경제 발전의 필요조건입니다. 그러나 평등주의는 발전정신을 질식하게 하는 경제정체의 충분조건입니다. 우리나라가 비교우위에 따라 신속하게 산업과 무역구조를 재편성할 수 있었던 것은 '정책으로 증강된 경제적 차별화' 덕분입니다. 정책으로 증강된 경제적 차별화란 구체적인 발전 목표 아래 경제적 차별화를 강화함으로써 경쟁적 환경을 만들고 유지하는 것을 말합니다. 경제도 나뉘고 선택되고 커지는 과정을 밟기 때문에 진화할 수도 있지만 퇴보하기도 합니다. 물론 반드시 진보한다고 할 수는 없습니다. 경제 발전은 경제 진화의 실패를 교정하는 과정입니다. 따라서 이 과정 자체가 의도적인 차별화 과정입니다. 발전 친화적인 변화주체들을 찾아내고 선택하여 우대함으로써 역동적인 진화를 이루어내는 것이지요.

경제 발전은 물질적 부의 확대뿐만 아니라 발전정신과 함께 합니다. 그 가운데 발전을 인정하는 것은 아주 중요한 요소입니다. 또 경제주체들의 기여에 따라 그들에게 지속적으로 보상을 보장하는 것도 중요합니다. 이렇게 되면 구체적 목표가 있는 발전 사다리를 세우는 것을 도울 수 있습니다. 이렇게 경제적 차별화는 경제 발전에 기여하도록 이끌어오는 동기를 제공합니다. 이때 그 기여한 바에 적절하게 보상해야 신뢰를 얻을 수 있습니다.

지식·혁신기반경제에서는 창의성과 창의적 인재가 정당하게 보상받고 창업이 쉽게 되는 생태계를 조성해야 합니다. 벤처나 중소기업가들을 주역으로 하여 지식·혁신기반생태계를 만들고 다른 나라로의 진출을 적극 독려해야 합니다. 그렇게 해서 새로운 산업과 시장을 개척하게 하며 꿈, 끼, 도전정신을 갖도록 정책을 강화해야 합니다. 정부의 역할은 '스스로 노력하는 사람을 돕는' 제도를 확립하는 경제적 차별화의 사다리를 세우는 것입니다. 그럼으로써 사회를 더 큰 경제적 발전의 길로 이끌어가는 데 필요한 도전적 발전정신을 자극하는 것입니다.

발전하는 나라일수록 과학기술과 ICT 혁신 역량을 강화합니다. 이것이 바탕이 되어 일류 혁신가, 일류 기업, 일류 학자 등 역할 모형이 많아지게 됩니다. 또 함께 상승하도록 원천이 되어주는 주체들에 대해서는 적절하게 좋은 대우를 해줍니다. 그들이 동반상승 원천의 역할을 하느라 받을 수 있는 상대적 불이익을 보상해주는 것이지요.

여기서 '일류'라는 것은 어떤 특정 계층을 가리키는 것이 아닙니다. '항상 스스로 열심히 노력하여 남보다 앞서가는 사람들'이며 '좋은 대우'란 그들이 사회에 기여한 바에 합당한 보상을 보장한다는 것입니다. 시장에서 일어나는 경제적 진화 과정의 최대의 약점은 동반상승 원천에 대한 보상이 충분히 이뤄지지 않는다는 점입니다. 정부는 차별적인 보상을 통해서 이 약점을 보완하여 경제 발전을 이뤄야 합니다. 과학기술과 ICT 혁신 역량에 바탕을 둔 벤처나 창업은 위험성이 큽니다. 그러므로 실패도 받아들여져야 하고 실패자에게도 다시 일어날 수 있는 기회를 주는 경제문화를 만들어가는 것이 필요합니다.

4) 기업, 클러스터, 생태계의 경쟁력이 국가의 경쟁력

명제 4. 기업은 경제 발전을 촉진하는 데 가장 중요한 조직입니다. 그러므로 기업들을 활성화하여 범지구적 조직으로 키워야 합니다. 기업은 발전 목적을 위해 생산에 종사함으로써 경제 발전을 이끌어갑니다. 기업은 가격 경쟁뿐만 아니라 경제적 차별화에 가장 민감하게 반응합니다. 기업은 경제적 차별화 경기에서 직접 수단이 되는 경제 발전의 핵심입니다.

클러스터는 비슷한 업종의 기업이나 기관들이 한 곳에 모인 것입니다. 기업뿐만 아니라 연구개발을 하는 대학이나 연구소, 컨설팅 기관 등이 이렇게 한 곳에 모여 있으면 정보와 지식을 공유하거나 발전해나가기 쉽습니다. 그래서 클러스터도 경제 발전의 중요한 역할을 하는 것입니다.

기업은 경제적 차별화의 주역이고 시장과 정부와 더불어 경제 발전의 중요한 요소입니다. 기업의 성장과 경제 발전의 원동력은 선별적 기업육성 정책 혹은 선별적 유치 산업 보호입니다. 쉽게 말하면 잘 하는 기업을 선택하여 그 기업을 지원하는 방식이지요. 우리나라에서는 경제 발전 초기에 기업의 선택과 차별화 과정을 정부가 주도하여 진행하였습니다. 국내 시장이 제 기능을 발휘하지 못했기 때문입니다. 수출시장에 크게 의존했던 생산물 시장은 자연스럽게 선별과 차별화가 이루어졌습니다. 국제적인 시장의 영향을 받은 것이지요. 지난 50여 년 동안 우리나라가 연평균 7% 이상의 초고속 경제 성장을 이룰 수 있었던 배경에는 우리나라 기업의 성장이 있었습니다. 우리나라 정부는 수출을 잘해서 외화를 잘 벌어들이는 기업을 적극 지원했었습니다. 그렇게 차별화를 통해 경쟁을 촉진했고 덕분에 경제에 활력을 유지했습니다.

기업이 많은 나라는 선진국이고 기업이 적은 나라는 후진국입니다. 선진국에서는 기업을 살리고 후진국이나 공산국가에서는 기업을 죽입니다. 아무리 정치나 민주화를 잘 해도 기업 경영인이 의욕을 잃으면 기업이 경쟁력을 잃고 나라 경제가 경쟁력을 잃습니다. 경제전쟁 시대에 정치와 정부 정책의 핵심은 기업의 범지구적 경쟁력입니다.

우리나라는 1970~2014년 사이 수출액이 8억 3,300만 달러에서 5,727억 달러로, 약 700배 증가했습니다. 반면 수입액은 18억 7,800만 달러이던 것이 5,255억 달러로 약 300배 늘어났습니다. 세계 무역에서 차지하는 비중도 0.5%에서 약 3%로 증가하여 무역 규모는 세계 8위가 되었습니다. 우리나라 경제가 발전한 데에 일등 공신은 삼성, 현대, LG, SK와 같은 기업들이라 할 수 있습니다.

우리나라는 최근 미국이나 유럽연합[EU], 중국 등 거대 경제권과 연이어 자유무역협정[FTA]을 맺고 있습니다. 이로써 우리 기업의 시장은 끝없이 확장되고 있습니다. 경제 영토라고도 할 수 있는 FTA를 맺은 나라들의 국내 총생산 규모가 전 세계의 3/4까지 확대된 덕분입니다. 정부의 기업 정책은 대기업, 중소기업, 소기업 할 것 없이 글로벌 경쟁력을 키울 수 있는 방향으로 추진되어야 합니다. 정부의 중소기업 정책은 생존을 위한 지원에서 경쟁력을 키우기 위한 지원으로 바뀌고 정책의 대상은 개별 기업이 아닌 기업 생태계가 되어야 합니다. 중소기업은 약자이니 무조건 보호해야 한다고 생각하면 안 됩니다.

    21세기의 도시들은 그 규모와 어떤 기업과 어떤 사람들이 모이는가로 경쟁합니다. 전 세계가 개방되고 정보화한 글로벌 시대에는 기업, 인재, 자본이 국경을 넘어 어디로든 갈 수 있습니다. 그러므로 새로 다가올 도시들의 경쟁 시대에 대비해야 합니다. 나라 전체를 균형 있게 개발하고 수도권 규제 등의 정책을 버린 영국, 프랑스, 일본의 수도 런던, 파리, 도쿄는 글로벌 도시 경쟁력 평가에서 해마다 2~4위를 차지하고 있습니다. 대규모 도시일수록 현대적 부가가치가 높은 산업을 창출해내고 그 원천인 지식, 기능, 기술을 키울 능력이 커집니다.

5) 정치적·사회적 안정성이 경제 번영의 핵심

명제 5. 정치적으로, 사회적으로 안정을 이루는 것이 경제적 번영의 핵심입니다. 정책으로 증강된 인적 자본이 경제 번영의 필수조건이라면 정치적·사회적 안정은 경제 번영의 충분조건입니다. 인적 자본의 수준이 높은 나라들에서도 계층 사이의 이해가 서로 달라서 사회적 마찰이 생길 수 있습니다. 이런 마찰로부터 생겨난 잘못된 정책이나 정치적·사회적 불안은 경제 발전의 발목을 잡곤 합니다. 이런 상황을 '정부의 실패'라고도 합니다.

우리나라가 경제를 활성화하려면 나라 안과 밖에서 기업 투자가 왕성하게 일어나야 합니다. 그런데 사회가 불확실하고 위험하면 투자가 위축됩니다. 미래에 대한 예측을 할 수 없고 불필요한 사회적 비용이 발생할 수 있기 때문입니다. 이런 불확실성과 위험은 기업의 혼자 힘으로 해결할 수 없습니다. 그래서 정부는 국방을 튼튼히 하고 법과 질서를 바로 세워 마음 놓고 기업활동을 할 수 있게 해야 합니다.

자본주의는 자유주의의 원리가 실행되는 사회경제 체제입니다. 자유주의는 사유재산을 인정하고 재화와 사상의 자유로운 교환이 가능하며, 민간경제활동에 대한 정부의 개입을 최소화할 것을 제안합니다. 자본주의는 자유경쟁에 의한 이윤을 추구합니다. 따라서 홍익인간과 애덤 스미스의 『도덕감정론』이라는 책에서 내세우는 도덕적 책임과 의무를 위해 등장하는 '보이는 손'이 정부의 몫이라 할 수 있습니다. 국가는 시민의 안전을 보호할 책임이 있습니다. 그러려면 자본주의 사회에서 생기는 여러 가지 나쁜 자유를 제한하고 좋은 자유는 권장하는 공정한 공권력을 실행해야 하는 것입니다.

우리나라는 경제적으로는 선진국이 되었습니다. 그러나 안타깝게도 정신 자본이 성숙하지 못하여 시민의식이 높지 않습니다. 그뿐 아니라 공권력도 시민을 제대로 보호하지 못합니다. 영국은 1974년 화학공장 폭발로 27명이 사망한 후 엄격한 '보건안전체제'를 도입했습니다. 그 결과 치명적인 상해는 73%나 줄었고 해마다 산업재해로 인한 사망자 수는 인구 10만 명당 0.44명(같은 시기 우리나라는 8명)에 지나지 않게 되었습니다. 영국 정부는 이렇게 개선해나가는 과정에서 강렬한 반대에 부딪히기도 했습니다. 그러나 시민을 위해 뭔가를 해야 한다는 단호한 노력이 이런 성과를 낼 수 있었던 것입니다.

정부는 안보만큼이나 안전도 중요하게 여겨야 합니다. 공공안전 위기가 발생할 수 있는 가능성을 최소화하기 위해 효과적인 규제를 만들고 철저히 감독하고 집행하는 일은 궁극적으로 정부가 해야 하는 일입니다. 또 이것이 국가를 평가하는 핵심 항목이 되어야 합니다.

3. 우리나라와 다른 나라의 기업 발전모형

[물음]
잘 사는 나라의 대표적인 특징은 무엇인가요?

[답변]
잘 사는 나라는 기업이 많아서 일자리가 많은 나라들입니다. 어느 나라건 기업이 많고 범지구적 경쟁력이 강하면 근본 경제 문제를 잘 해결할 수 있습니다. 근본 경제 문제란 경제 성장, 경제 안정, 형평 및 삶의 질을 높이는 것 등을 말합니다. 기업이 적고 일자리가 없어 경제 문제를 잘 해결하지 못 하는 나라들에서는 범죄가 늘어나고 자살률도 아주 높습니다.

범지구적 경쟁력이 세계에서 가장 높은 스위스는 2015년 현재, 인구 806만 명으로 세계 95위에 지나지 않고 국토 면적은

41,277km²로 세계 136위입니다. 하지만 국내 총생산은 6,884억 달러로 세계 19위이고, 『포춘』지가 선정한 글로벌 500대 기업에 스위스 기업이 열두 개나 포함되어 있습니다. 이 덕분에 스위스는 선진국 가운데 근본 경제 문제를 가장 잘 해결하는 나라가 되었습니다.

『포춘』이 2015년 선정한 500대 기업 중 우리나라 최대 기업은 삼성전자입니다. 삼성전자의 매출액은 2,090억 달러로 세계 13위였습니다. 삼성전자 같은 기업을 20여 개만 일으킬 수 있다면 우리나라의 국민소득은 약 두 배 증가하므로 근본 경제 문제를 잘 해결할 수 있게 될 것입니다.

우리나라는 2016년 1인당 소득 2만 8,180달러, 경제 규모 1조 4천억 달러의 세계 12대 경제 대국이 되었습니다. 우리나라 기업들은 앞으로 일류 선진국 기업들과 치열한 경쟁을 해야 합니다. 이런 상황에서 선진국 기업들을 모방만 해서는 발전과 성장에 한계가 있습니다. 그러므로 그들을 앞설 수 있는 '우리의' 기업 모형을 만들어야 합니다.

기업과 나라 경제를 어떤 모형으로 발전시킬 것인가는 정말 중요한 문제입니다. 나라 경제의 발전과 마찬가지로 기업 발전도 인적 자본에 의해 좌우됩니다. 많은 사람이 기업과 국가 경제의 대표적인 모형으로 미국, 일본, 독일의 모형을 꼽습니다. 이 세 나라의 모형은 1870년경에 각각 자체 개발한 모형들입니다. 우리나라의 기업 모형을 만들어내기 위해 이 세 나라와 중국의 모형을 살펴보겠습니다.

1) 미국의 모형

미국의 모형을 이해하기 위해서는 미국 사람들의 기본 가치관을 이해할 필요가 있습니다. 그들의 가치관은 개인의 자유와 자립, 기회균등과 경쟁, 물질적 부와 근면이라고 할 수 있습니다.

'자유'는 1776년 '독립선언서'에서 정해진 기본 가치관으로, 미국인들은 이를 가장 중요하게 생각합니다. "개인은 누구나 누구로부터 간섭받지 않고 자신의 운명을 스스로 통제하는 능력을 가지고 있고 또 그렇게 하기 바란다"라는 내용입니다. 그러나 자유의 대가는 자립으로, 스스로 자신의 문제를 해결하고, 자신에 대해 책임을 지며 운명을 개척해나가는 것입니다. 미국인들은 자녀들에게 스스로 자신의 인생을 만들고 먹고 살 방법을 찾아야 한다는 것을 어렸을 때부터 가르칩니다. 또 자녀들도 이를 긍정적으로 받아들입니다.

미국인들은 누구나 경쟁에 참가할 수 있는 기회가 균등해야 한다고 믿습니다. 결과의 평등이 아니라 출발선에서의 평등을 강조하는 것입니다. 기회균등을 위해서는 경쟁해야 하고 경쟁은 미국 사람들을 활기차게 움직이게 하는 힘입니다.

물질적 부는 개인의 사회적 지위를 나타내는 척도로 널리 받아들여지고 있습니다. 미국의 청교도 정신은 물질적 성공을 신성하게 여깁니다. 이를 위해서는 반드시 성실하고 근면해야 합니다. 샤무엘 헌팅턴은 미국인의 신조는 자유, 평등, 민주주의, 시민 권리, 비차별, 법치의 여섯 가지로 구분된다고 하였습니다. 그는 영어, 청교도 가치관, 개인주의, 종교에 대한 헌신, 법의 존중이 미국 문화의 특징이라고 내세웠습니다.

미국은 이런 가치관을 바탕으로 하기 때문에 개인주의 성향이 강하고 기회균등인 평등을 중시합니다. 따라서 우리나라와 같은 대기업과 중소기업의 격차 문제나 일본과 같은 모기업이나 자회사 같은 것도 거의 없습니다. 미국의 대표적 기업 중 하나인 GM자동차회사의 경우 GM과 부품회사 사이의 관계는 다음 그림과 같이 수평적입니다.

| 부품회사 3 | 부품회사 2 | 부품회사 1 | GM | 부품회사 4 | 부품회사 5 | 부품회사 6 |

자료출처 : 송병락(2010) 그림 8-1에서 인용

▲ GM과 부품회사 간의 수평관계

"GM에 좋은 것은 미국에 좋고 미국에 좋은 것은 GM에 좋다."

이런 말이 나올 정도로 GM이 미국에서 차지하는 비중은 엄청나게 큽니다. 일본의 도요타자동차는 부품의 20%만 자체 생산하고 나머지는 자회사들이 생산하게 합니다. 그런데 GM은 부품의 50%를 자체 생산합니다. GM과 부품회사는 전혀 별개의 회사이므로 부품회사들이 언제 부도나 노조 파업으로 생산이 중단되거나 인수·합병될지 알 수 없기 때문입니다. GM은 주요 부품을 자체 생산하므로 종업원의 수가 많을 수밖에 없습니다.

미국의 모형은 이윤, 부 및 고용 창출을 중시하는 경제적 조직이고, 개인의 재산권을 강조하는 '주주 주권' 모형입니다. GM에게도 문제가 있습니다. 부품을 다른 회사로부터 사들여 생산비를 크게 낮출 수 있는데도 노조의 반대로 그렇게 못하는 것과 과도한 연금 부담입니다.

2) 일본의 모형

일본은 세계 제3의 경제 대국이며 케이레츠[系列 : 계열]나 종합상사 같은 자체 기업 모형으로 선진국이 된 나라입니다. 일본의 수많은 기업은 수직 및 수평 케이레츠라는 거대한 공동체를 구성하고 그 구성원으로 존재하는 공동체주의적 기업입니다. 이러한 기업 모형으로 일본은 산업화 시대에는 놀라운 성과를 올렸습니다. 그러나 인간관계를 중시하는 모형이기 때문에 경기침체가 심해질 때 인력을 줄이기 곤란해 경기회복이 어려워진다는 단점이 있습니다. 우리나라의 경제발전 모형에 일본과 비슷한 점이 많아 일본의 기업과 경제모형을 잘 살펴볼 필요가 있습니다.

일본의 대표 기업인 도요타[豊田]자동차는 2015년 『포춘』 선정 500대 기업에서 9위를 차지한 세계 제2위의 자동차 회사입니다. 도요타 생산 방식은 다품종 소량생산 체제의 시대에 '철저한 낭비 요소 제거'를 통해 기업 이윤을 확보하고자 하는 방식입니다. 또 부품 생산 업체들이 완벽한 부품을 공장의 생산 라인에 배달함으로써 부품의 납품, 검사, 저장, 출하 등에 소모되는 불필요한 에너지를 제거했습니다. 작업자의 안전, 책임과 권한을 보장하여 능력을 최대한 끌어올리는 한편 재고를 없애기 위해 'Just in time' 생산 방식을 들여왔습니다. 'Just in time'는 재고를 쌓아두지 않고서도 필요한 때 제품을 공급하는 생산 방식입니다. 또 이상이 있을 때 기계·설비가 스스로 작동을 정지하고 이 사실을 인간에게 알리는 '지혜 있는 자동화'를 위해 인간의 지혜를 최대한 동원하고 있습니다. 'Just in time'과 '지혜 있는 자동화'는 제조의 새로운 틀을 이루는 두 가지 축입니다.

도요타는 581개의 자회사와 51개의 관련 회사를 거느린 거대한 기업 그룹입니다. 자회사와 관련 회사를 '계열회사'라 할 때 어버이 회사인 친(親)회사와 계열회사와의 관계는 수직적이므로 이를 수직 케이레츠라고 합니다. 자회사는, 친회사가 의결권 주식을 40% 이상 가지고 있어서 임원 선임이나 경영 방침을 정하는 데 의사결정을 할 수 있는 회사입니다. 관련 회사는, 친회사가 15~50%의 의결권 주식을 가진 회사입니다. 관련 회사의 경우 친회사는 자회사에게처럼 경영 의사결정을 지배할 수는 없습니다. 도요타는 열두 개의 제1차 자회사, 250여 개의 제2차 자회사 및 수많은 제3차 자회사로 구성된 거대한 피라미드형 기업 그룹입니다. 물론 이제까지 자회사 수와 관계는 수많은 변화가 있었습니다.

도요타그룹 소속 기업들은 서로 계약서를 쓰지 않는다고 합니다. 인정과 의리로 뭉친 공동체주의적 기업인 것이지요. 서양인들은 일본 기업의 이런 관계를 도저히 이해할 수 없다고 한답니다. 미국이나 유럽의 기업들이 도요타 자회사를 높은 가격에 사들이려고 해도 살 수 없습니다. 또 도요타 케이레츠에 들어와 자회사 역할을 하고 싶어도 도요타의 허락을 받지 못한다고 합니다. 그만큼 도요타 케이레츠는 강한 결속력을 지녔고 굉장히 배타적입니다.

도요타자동차만 이런 수직 케이레츠를 이루고 있는 것은 아닙니다. 한때 소니는 1,068개의 자회사와 98개의 관련 회사를, 미츠이 물산은 516개의 자회사와 341개의 관련 회사를 갖고 거대한 수직 기업 그룹을 유지하고 있었습니다.

도요타와 같은 수직 케이레츠 모회사들은 다시 수평적 관계로 기업 그룹을 형성합니다. 이를 수평 케이레츠라고 합니다. 미츠이 수평 케이레츠는 도요타 수직 케이레츠, 도시바 수직 케이레츠 등 25개의 모회사로 구성된 기업 그룹입니다. 이 중 열한 개가 세계적 대기업이었던 때도 있습니다. 그 당시 우리나라의 세계적 대기업이 열 개였던 것을 생각하면 미츠이 그룹의 규모가 얼마나 큰지 짐작할 수 있습니다.

일본이 수평 케이레츠를 만든 이유를 알려면 일본의 산업 발

▲ 미츠이 수평 케이레츠

전 역사를 살펴봐야 합니다. 1868년의 메이지유신 이후 일본은 서구 선진국을 추월하겠다는 목표로 산업화를 적극 추진하였습니다. 하지만 당시 일본의 기업은 대부분 소기업이었고 서구 선진국들과는 지리적으로는 물론 시장의 거리도 너무 멀었습니다. 따라서 기업이 개별적으로 유럽 선진국에서 기계를 사들여 제품을 생산하여 다시 선진국 시장에 파는 것은 거의 불가능했습니다. 그래서 제조업체는 제품만 생산하고 원료 조달과 제품 판매는 같은 그룹 소속의 종합상사(일본의 총합상사)가 맡아 했습니다. 금융 지원이 절실했기 때문에 주거래 은행도 설립했습니다. 그래서 일본의 수평 기업 그룹들은 모두 가장 핵심이 되는 기관인 종합상사와 주거래 은행을 가지고 있습니다. 일본 기업을 이해하려면 제조업, 종합상사, 주거래 은행을 통합하여 이해해야 합니다. 예전에는 일본에 이런 수평 케이레츠가 여섯 개 있었지만 세계 경제 환경 변화와 일본 그룹 내부의 사정으로 지금은 세 개의 금융 그룹으로 개편되었습니다.

총합상사는 일본 기업의 세계 진출, 선진국과의 경쟁과 세계 경영을 위해서 만든 회사입니다. 이를 두고 일본의 무역부 혹은 일본주식회사의 국제 부문이라 부르기도 합니다. 일본 총합상사의 특징은 모든 업종을 포함하고, 자회사는 독점, 과점, 독점적 경쟁, 완전경쟁 등 거의 모든 형태의 기업이며, 전 세계의 모든 지역이 사업 영역이라는 점입니다.

한때 일본에는 총합상사와 전문상사를 포함하여 7,300여 개의 상사회사가 있었습니다. 1990년대 초에는 세계 4대 회사가 모두 일본 총합상사일 정도로 그 규모는 상상을 초월할 정도입니다. 2010년 미쓰비시[三菱] 상사의 매출액은 삼성그룹 전체의 매출액보다 많았습니다. 2004년 미쓰비시 상사의 자회사 수는 780개로 이 중 55개 사가 정보 산업, 135개 사가 에너지 산업, 195개 사가 금속 산업, 152개 사가 새로운 기능 산업에 종사했습니다.

일본의 총합상사들은 1991년 고속 성장의 거품이 꺼진 후 경기 침체와 세계 경제 구조 변화로 어려움을 겪었습니다. 최근에는 글로벌 네트워크를 이용하여 외국의 유전과 자원개발 투자, 외국 벤처기업 투자, 금융 지원이나 사업 자문 등으로 사업을 다각화하고 있습니다.

종합상사의 힘은 거래 못할 상품이 없고 발휘하지 못할 기능이 없다는 데서 나옵니다. 다시 말해 종합적 상품 취급, 종합적 기능 발휘인 것이지요. 여기에 활동 영역이 국제적이라는 점도 빼놓을 수 없습니다.

일본의 8대 종합상사는 수천 개에 달하는 자회사를 가지고 있습니다. 이들 자회사들이 전 세계 주요 도시와 지역에 진출하여 전 세계를 하나의 튼튼한 무역망이나 정보망으로 연결합니다. 그래서 세계 경제 정보 수집에서 미국의 CIA나 FBI를 앞설 정도라고 합니다.

일본의 상사와 뉴프론티어 비즈니스 특별연구회는 종합상사의 기능과 자원을 각각 여덟 가지로 제시했습니다. 8대 기능은 상거래 기능, 정보 기능, 오거나이저 기능, 금융 기능, 시장 개척 기능, 사업 경영 기능, 물류 기능, 위험 관리 기능입니다. 또 8대 자원은 인재, 금융, 규모, 정보, 기업 그룹, 기술, 신용, 조직입니다. 사업 영역은 자원의 안정된 공급, 기술과 기법의 도입, 새로운 산업 창조, 새로운 기술 개발, 벤처나 중소기업 지원, 기술과 자재의 수출, 관련 산업의 활성화, 유통의 합리화, 지구환경 개선 등입니다. 여기서 오거나이저 기능이란, 어떤 후진국이 철강 공장을 건설하려고 할 때 필요한 입지 선정, 생산 규모, 공장 설계, 건설, 생산시설 설치, 원료 조달, 제품 판매 등 전 과정을 맡아서 주선해주는 기능을 말합니다.

종합상사는 이윤 극대화를 꾀하는 기업이 아닙니다. 어느 나라에도 유래가 없고 공기와 같아 보이지 않지만 생활에 꼭 필요한 물자를 제공하면서 어디에나 다 가 있는 회사입니다. 미국 기업은 이해할 수 없는 조직이지요. 미국은 월마트 등 초대형 기업들, 일본은 종합상사, 중국은 화교를 중심으로 한 중국 음식점으로 범지구적 네트워크를 형성하고 있습니다. 우리나라에도 이런 범지구적 네트워크를 개발할 필요가 있습니다.

일본의 기업 조직을 이해하기 위해서는 일본인이나 아시아 사람들의 가치관을 알아야 합니다. 대처 전 영국 수상은 아시아의 가치관에 대하여 '강한 가족관계, 의무감, 저축 성향, 신중한 행동'이라고 말했습니다. 하버드대의 보갤과 롯지는 앞으로 국가 경쟁력의 결정 요인은 이념이며, 이념 중 가장 중요한 것은 개인주의와 공동체주의라고 했습니다. 개인주의가 잘 나타나는 나라는 미국, 영국, 멕시코 등이고 공동체주의는 우리나라, 일본, 타이완 등에서 찾아볼 수 있습니다. 공동체주의는 이렇게 아시아의 핵심적 가치 중 하나입니다. 일본의 케이레츠나 총합상사, 우리나라의 기업 그룹 등의 기업 조직은 공동체주의를 떠나서는 이해할 수 없습니다.

3) 독일의 모형

독일은 현재 세계 경제 제4위로 유럽 제1의 경제 대국입니다. 또 세계 제3위의 수출 대국으로 수출이 GDP에서 차지하는 비중은 미국과 일본보다 높습니다. 인구는 8천 1백만 명으로 서유럽 국가 중 가장 많습니다. 유럽의 중심 국가이며 유럽연합 경제의 1/3을 차지하고 있습니다. 독일은 아홉 개 나라와 국경을 맞대고 있는데 이들과 함께 독일경제권을 형성하고 있습니다. 독일어를 사용하는 인구는 이웃 나라를 합해 1억여 명으로 이 또한 유럽에서 가장 많습니다. 독일 사람들은 중후하고 관념적이며 결백성이 강하고 규칙을 중시합니다. 이런 국민성 덕분에 철학, 시와 노래, 음악 등 관념적이고 사색적인 분야가 발달했습니다. 이 분야에서 칸트, 헤겔, 마르크스 같은 인재를 많이 배출했습니다.

한때 독일은 '유럽의 환자'로 여겨지기도 했습니다. 강력한 노동조합 활동으로 노동시장이 경직화되고 관대한 사회복지, 정부의 지나친 규제 등으로 기업과 경제가 경쟁력을 잃었기 때문입니다. 이와 같은 현상을 '독일병'이라 부르기도 했지요. 거기에 통일의 후유증으로 독일은 어려운 시기를 겪어야만 했습니다.

현재 독일은 사회적 시장경제를 시행하고 있습니다. 이는 시장경제에 조합주의적 노사관계를 중심으로 사회적 보호와 형평을 더한 것이지요. 경제적 관점에서의 조합주의는 노사관계를 적대적이지 않은, 이해 조정이 가능한 관계로 보고 단체교섭을 통한 근로자의 근로조건 개선 및 유지를 목표로 하는 노동조합 활동의 방향을 말합니다. 이 경우 노동조합 활동이 정치로부터 독립되어야 함을 강조합니다. 독일은 이 사회적 시장경제로 '라인강의 기적'을 이뤄냈습니다.

독일은 어느 수준 이상의 현장 기술자인 '마이스타'라는 견습 기능인 제도를 가진 것으로 잘 알려져 있습니다. 독일 사람들은 상품의 겉모습보다 실용성이나 얼마나 오랫동안 쓸 수 있는지를 더 중요하게 생각합니다. 그래서 이들은 과학도 중시하지만 기술은 더 중요하게 여깁니다. 반면 영국은 과학은 중시하지만 기술은 낮게 보는 경향이 있습니다. 독일에서 경쟁력이 강한 산업은 자동차, 기계, 화학, 철강, 통신기기, 식료품 등입니다. 미국이 혁신적인 소프트웨어에 강하다면 독일은 하드웨어에 강하다고 할 수 있지요.

독일의 모형에서는 사회적 요인을 강조합니다. 에르하르트 전 독일 총리는 독일의 모형에 '사회적 시장 모형'이라고 이름 붙였습니다. 독일의 경제학자 호스트 시버트는 『독일경제』라는 책에서 사회적 시장경제의 핵심은 개인의 자유라고 하였습니다. 개인의 자유란, 개인의 소유, 기업과 직업 선택의 자유, 거주 이전의 자유 등 시장경제 발전에 필요한 각종 자유를 누리는 것을 말합니다. 그는 형평은 개인의 사회적 보호를 위한 것이라 하였습니다. 그래서 재산의 사용이 다른 사람에게 피해를 줄 때는 그 사용을 제한할 수 있다는 것이지요. 또 지역 간 생활 조건의 차이를 줄이고 개인의 물질적 보호를 의무화할 수 있다고도 하였습니다. 개인의 물질적 보호란 실업보험, 건강보험, 노령보험 등 사회보장제도를 일컫습니다.

독일식 사회적 시장경제의 핵심은 시장의 자원배분 작동 원리를 사회적으로 받아들일 수 있는 결과를 만들어낼 수 있도록 고쳐야 한다는 것입니다. 사회 전체의 차원에서 개인의 보호는 필수이기 때문입니다.

독일의 150대 기업의 약 70%가 가족 경영 기업입니다. 그 중 30개 회사는 일가족 경영 기업이라고 합니다. 독일의 기업들은 미국 기업과 달리 소유와 경영이 분리되어 있지 않습니다. 그래서 주식회사가 적고 대부분 유한책임회사입니다. 유한책임회사는 소수(우리나라는 50명 이하)의 유한 책임 사원으로 구성되는 회사입니다. 이 회사에서는 전 사원이 자본에 대한 출자 의무를 가지고 있지요. 일본에는 260여만 개의 주식회사가 있지만 독일의 주식회사는 3천여 개에 지나지 않고 주식시장도 잘 발달되지 않았습니다.

독일의 기업지배 구조에는 다음과 같은 특징이 있습니다. 첫째, 독일 기업은 자금 조달을 은행에 의존하기 때문에 은행이 기업 운영에 결정적인 영향력을 행사합니다. 둘째, 독일 기업은 중요한 경영 의사결정을 해야 할 때 노동위원회와 공식적으로 협의해야 합니다. 독일에는 이렇게 노동자가 경영에 참여하고 노사가 공동 결정을 해야 한다는 독특한 노사관계 제도가 있습니다.

독일의 노사관계 제도의 주요 내용을 보면, 1952년부터 시행된 노동법에서는 종업원 5인 이상 기업은 반드시 노동위원회를 두어 근로시간, 채용과 해고, 생산기술 등에 관한 자문을 하도록 되어 있습니다. 하지만 노동위원회는 가격이나 생산량의 결정 등에는 관여하지 않습니다. 또 경영자는 회사 운영 전반에 걸쳐 노동자의 승인을 받아야 합니다. 노동법은 노동자의 고용 안전, 봉급 외에 유급 휴가, 보험 등과 같은 복지, 근로조건, 단체교섭 등의 사항을 포함하고 있습니다. 또 독일에는 종업원 500명 이상의 기업들은 경영 이사회와 감사회라는 복수의 이사회를 두어야 한다는 강제 규정이 있습니다. 이는 1976년부터 시행된 제도입니다. 감사회의 위원 중 2/3는 주주들이, 1/3은 노조 대표와 노조원들이 반씩 선출하고 기업 규모가 크면 월급 받고 그 일만 담당하는 전임 유급 직원을 두어야 합니다.

독일이 통일한 후 노조는 점점 더 공격적이고 투쟁적이 되었습니다. 어떤 때는 새로운 생산 장비를 들여오는 것을 노조가 반대하기도 했습니다. 그 결과 독일 노동자의 임금은 세계 최고, 근로시간은 세계 최저 수준이 되었습니다. 경제 성장률은 1%대로 떨어졌고 실업률은 한때 10% 가까이 되었습니다. 이후 법인세율을 낮추는 등 기업에 도움이 되는 조치를 취하여 2015년 실업률을 4.6%로 다시 내릴 수 있었습니다.

미국은 기업 자금을 주로 주식시장을 통해 만들어냅니다. 반면 독일 기업은 은행에 크게 의존합니다. 독일의 기업과 은행은 서로 주식을 갖고 있습니다. 뿐만 아니라 서로 임원을 보내 감시

합니다. 3대 민간은행은 대출해준 기업의 이사회에 많은 임원을 파견합니다. 또 주요 기업들은 '하우스 뱅크'를 중심으로 기업 그룹을 형성하고 있습니다.

독일의 모형은 안전을 가장 우선으로 하여 경제적 성공과 사회적 안정을 동시에 추구하는 장점을 가지고 있습니다. 그러나 기업가의 의욕을 꺾고 높은 실업률과 노동시장의 경직성을 피할 수 없다는 단점도 있습니다. 독일 모형의 또 다른 위험 요소는 연금입니다. 출산율 감소와 고령화로 취업한 사람 1인당 그가 부양해야 하는 연금 수령자의 비율이 늘어나고 있습니다. 이를 '연금 시한폭탄'이라고 합니다.

4) 중국의 모형

중국에는 입법, 행정, 사법의 3권 분립이 없습니다. 전국인민대표회의(전인대)가 최고 권력기관이고 행정기관인 국무원과 사법기관인 인민법원이 전인대의 하부 기관이기 때문입니다. 중국의 모형은 이런 정치 상황을 안고 있는 공산당 모형입니다. 독일 경제가 사회적 평등을 중시하는 사회적 시장경제 모형이라면 중국 경제는 전인대가 지배하는 사회주의 시장경제 모형입니다. 사회적 시장경제는 수정 자본주의 이론 중의 하나로, 복지를 중시하는 인도주의적 자본주의를 말합니다.

공산당은 대도시는 물론 지방의 작은 마을까지, 또 언론, 종교, 군대, 국유 기업이나 공기업의 임원 선출에 이르기까지 직접 간여하여 막강한 영향력을 행사합니다. 중국 공산당 중앙조직부가 발표한 바에 의하면 2014년 말 중국 공산당원의 수는 8,779만 3천 명이었습니다. 여성 당원은 2,167만 2천 명으로 전체 당원의 24.7%를 차지했습니다. 전문대 이상 학력을 갖춘 당원 수가 3,775만 5천 명으로 전체의 43%에 달합니다. 공산당에는 유능한 인재가 대단히 많고 세계 어느 조직 못지않게 경쟁력이 강한 조직이므로 중국 경제는 낙관적이라 볼 수 있습니다.

5) 우리나라의 기업 모형

우리나라의 경영은 동서양을 대표하는 경제 대국, 일본과 미국의 경영 방식에 영향을 많이 받았습니다. 그들의 강점을 잘 활용하여 경제 기적을 이룰 수 있었던 것입니다. 우리나라의 젊은이들은 군대의 건설공병대, 수송부대, 통신부대 등에서 미국식 최신 경영 원리와 기술을 익혔고 그로 인해 축적된 수많은 인적 자본을 활용할 수 있었습니다. 또 삼성그룹을 창업한 전 이병철 회장은 일본식 경영의 장점을 받아들여 '인재 제일, 사업 보국, 합리 추구' 등의 경영 철학으로 한국식 경영 모형의 틀을 만들기도 했습니다.

삼성은 전략기획실과 관련 기업 CEO로 구성된 구조조정위원회라는 조직을 운영했습니다. 이는 미국이나 일본 기업에는 없는 조직입니다. 삼성전자의 경우 CEO + 그룹 차원의 구조조정본부 + 구조조정위원회라는 삼각편대의 경영과 전략의 조직을 통해 인사나 경영정책 등에 대해 효율적이고 신속한 결정을 할 수 있었습니다. 삼성은 철저하게 능력 위주로 인재를 가려 쓰고 있습니다. 또 성과에 따른 차별화, 핵심 인재를 키우는 등의 조직문화는 세계 일류기업이 본받고자 하는 대상이 되었습니다.

우리나라의 삼성이나 포스코 같은 기업들은 미국·일본·독일·중국의 기업을 단순히 모방하지 않습니다. 그들의 강점을 새로운 환경 변화에 균형 있게 잘 융합하여 앞서는 길을 찾아 우리의 기업 모형을 만들어나가고 있습니다.

그러나 지금은 기업의 조직이나 경영에 하나의 정답만 존재하는 시대가 아닙니다. 이제 우리나라에 꼭 맞는 기업 발전모형을 새롭게 창조해야 하는 시기가 다가온 것입니다.

제8장

홍익창조혁신생태계 중심지로 가는 길

국가 경쟁력을 평가할 때 기업 간 경쟁을 말하던 시대는 지나갔습니다. 클러스터(유사 업종에서 서로 다른 기능을 수행하는 기업이나 기관들이 한데 모여 있는 것. 산업 집적지) 사이의 경쟁 시대로, 다시 산업 생태계 사이의 경쟁 시대로, 도시 간 경쟁 시대로 끊임없이 바뀌고 있습니다. 21세기 우리나라의 비전과 목표를 달성하기 위해서는 우리나라가 종합적인 창조혁신 생태계의 중심이 되도록 해야 합니다. 이를 위해서는 교육, 과학기술, 무역, 물류, 금융, 문화 산업, 국제 협력 등에서 으뜸이 되어야 합니다. 우리나라가 창조혁신 생태계의 중심이 되면 우리의 경제 발전의 발목을 잡고 있는 노동공급의 감소, 자본투자의 위축, 생산성의 정체 등의 문제가 해소되어 경제 활력을 회복할 수 있습니다.

1. 창조혁신생태계 중심지는 어떤 역할을 할까?

[물음]
세계적인 교육·과학기술·경제·문화 창조 혁신 중심지들의 공통점은 무엇인가요?

[답변]
그들의 공통된 특징은 다음과 같습니다.

1. 모든 중심지는 우수한 인적 자본을 확보하여 효율적으로 활용하고 있다.
2. 높은 부가가치의 재화나 서비스를 공급하여 높은 소득을 누린다.
3. 최대한 개방적이고 자유경쟁시장원리에 따라 경제를 운영하고 있다.
4. 신속한 정보수집과 편리하고 싼 교통·통신 기반시설 등 물리적 및 제도적 기반시설을 갖추고 있다.
5. 국민의 안전과 재산을 보호하는 법치주의를 확립하고 있다.
6. 대체로 실업률이 낮다.
7. 소득분배의 불평등이 혁신의 분위기를 만든다.
8. 점차 문화 창조혁신생태계 중심지로까지 발전하게 된다.

세계에서 가장 잘 알려진 교육·과학기술·경제창조혁신 중심지는 도시국가형, 강소국형, 메트로폴리탄형, 이스라엘형 등으로 나누어볼 수 있습니다. 주요 중심지들은 부가가치가 높은 재화와 서비스를 생산하는 소수의 분야를 전문화하고 있습니다. 도시국가형인 싱가포르는 의료 서비스를, 홍콩은 물류, 정보, 미디어를 전문화하고 있습니다. 두 도시 모두 무역, 금융, 교육, 관광은 공통으로 전문화되어 있습니다. 강소국형인 네덜란드는 무역,

물류, 고급 음식료품 제조에, 스위스는 교육, 정밀 기계, 화학, 제약, 관광에 전문화하고 있습니다. 이 두 도시 공통으로 금융과 국제 협력, 외교가 전문화되고 있습니다. 룩셈부르크는 금융과 e비즈니스에 전문화하고 있습니다. 대도시권의 중심지인 런던과 뉴욕은 금융, 교육, 정보, 관광, 문화, 미디어를 전문화하고 있습니다. 그 외에도 뉴욕은 국제 협력과 외교의 전문화를 더하고 있습니다. 샌프란시스코·실리콘밸리와 보스턴은 공통으로 교육과 R&D를 전문화하고 있습니다. 또 샌프란시스코·실리콘밸리는

현존 10대 중요 중심지의 핵심 기능 및 전문화 분야

중심지	핵심 기능
1. 싱가포르	무역, 금융, 의료 서비스, 교육, 관광
2. 홍콩	무역, 물류, 금융, 교육, 정보, 미디어, 관광
3. 룩셈부르크	금융, e비즈니스
4. 네덜란드	무역, 물류, 금융, 고급 음식료품 제조, 국제 협력/외교
5. 스위스	금융, 교육, 정밀기계, 정밀화학, 제약, 관광, 국제 협력/외교
6. 런던 대도시권	금융, 교육, 관광, 문화, 디자인, 정보, 미디어
7. 뉴욕 대도시권	금융, 정보, 미디어, 교육, 관광, 문화, 국제 협력/외교
8. 샌프란시스코/실리콘밸리 대도시권	R&D, 기술, 창업, 교육, 관광, 문화
9. 보스턴 대도시권	교육, R&D, 금융, 의료 서비스
10. 이스라엘	IT, 생명과학, 창업, 고부가가치 농업, 항공기 개조 및 생산

자료출처 : 김기환(2013) 〈표 4-1〉에서 인용

기술, 창업, 관광, 문화를, 보스톤은 금융과 의료 서비스를 전문화하고 있습니다.

이스라엘은 주변보다 세계를 상대로 중심지 기능을 하는 독특한 유형입니다. 여기서는 IT, 생명과학, 창업, 고부가가치 농업, 항공기 개조와 생산을 전문화하고 있습니다. 눈여겨봐야 할 점은 이 산업들 모두 부가가치가 높은 산업이고 각 나라 대표 기업과 산업의 원천이라는 점입니다.

이는, 이스라엘은 선진국이고 주변 나라들은 개발도상국이기 때문에 나타나는 현상입니다.

소득분배의 불평등 정도는 지니계수로 측정할 수 있는데 한 나라에 단 하나의 중심지만 있을 경우 그 중심지의 지니계수는 강소국형처럼 낮습니다. 소득분배가 잘 되고 있다는 것입니다. 그러나 여러 개의 중심지가 있을 경우 대도시권 중심지의 소득분배가 주변 지역보다 더 불평등할 수도 있습니다. 주변 지역에서 소득이 낮고 숙련되지 않은 인력이 빠르게 흘러들어올 수 있기 때문입니다.

중심지 전략으로 우리나라가 겪고 있는 성장 둔화, 실업 증가, 대외 환경의 악화로 인한 문제는 상당 부분 해소될 수 있습니다. 하지만 소득분배에 관해서는 창조혁신생태계 중심지 전략 외에도 별도의 정책이 만들어져야 할 것입니다.

2. 창조혁신생태계 중심지는 어떤 혜택을 얻을까?

[물음]
창조혁신생태계 중심지는 어떤 혜택을 누릴까요?

[답변]
창조혁신생태계 중심지는 다음과 같은 혜택을 얻게 됩니다.

1. 경제 성장이 다시 활발하고 힘차게 일어나고 국민소득이 지속적으로 늘어난다.
2. 고용이 증대되고 소득분배가 평등해진다.
3. 우리나라와 중국은 전략적 동반자 관계를 굳힐 수 있게 된다.
4. 지속적인 경제 성장은 물론 교육, 의료, 문화 면에서도 삶의 질이 크게 향상된다.

창조혁신생태계 중심지는 부가가치가 높은 재화와 서비스의 생산으로 높은 소득을 누릴 수 있습니다. 또 혁신과 창업에 따른 지속적으로 성장할 수 있고 실업률은 감소되는 등 여러 가지 장

점을 가지고 있습니다. 우리나라가 이 중심지가 되면 다음과 같은 혜택을 얻을 수 있습니다.

첫째, 경제 성장이 다시 활발하고 힘차게 일어나고 국민소득이 지속적으로 늘어납니다. 둘째, 고용이 증대되고 소득분배가 평등해집니다. 부가가치가 높은 서비스 부문의 일자리는 고학력을 위한 일자리가 대부분이기 때문에 고학력이지만 취업을 못한 청년층에게 좋은 일자리를 많이 공급할 수 있습니다. 이는 소득분배의 양극화를 해소하는 데 큰 도움이 될 것입니다. 셋째, 우리나라와 중국은 전략적 동반자 관계를 굳힐 수 있게 되고 중국은 우리나라의 안전보장에 더 큰 관심을 갖게 될 것입니다. 2015년 12월에 발효된 한·중 FTA로 중국은 더 큰 시장이 되었습니다. 우리나라는 중국에 공산품은 물론 수많은 전문 서비스도 공급할 수 있게 됩니다. 넷째, 지속적인 경제 성장은 물론 교육, 의료, 문화 면에서도 삶의 질이 크게 향상됩니다. 그래서 더 많은 창의적 인적 자원 혹은 물적 자본을 끌어들이게 됩니다.

3. 창조혁신생태계 중심지로 성공하려면 어떻게 해야 할까?

[물음]
창조혁신생태계 중심지로 성공하려면 무엇을 갖춰야 하나요?

[답변]
창조혁신생태계 중심지로 성공하려면 우선 경쟁력 있는 인적 자원을 확보하고 효율적으로 활용해야 합니다. 또한 자유시장경제 체제를 확립하고 효율적인 기반시설을 확충해야 합니다.

1) 경쟁력 있는 인적 자원의 확보와 효율적 활용

세계 일류의 교육·과학기술·경제 창조혁신생태계 중심지가 되려면 반드시 고급 인력을 확보해야 합니다. 이를 위해서는 국내의 대학 및 연구기관의 질을 세계적 수준으로 높여서 창의적이고 전문적인 인재를 키워야 합니다. 또 개방적인 이민 정책을 펴서 외국의 우수한 인력을 적극적으로 끌어들이고 이를 활용해야 합니다.

2) 자유시장경제 체제의 확립

자유시장경제 체제의 '보이지 않는 손'이 잘 작동되도록 하려면 사유재산권을 철저히 보호하고 자유경쟁과 공정거래를 보장해야 합니다. 또 규제를 최소화하도록 개혁하고 법치를 강화하며 정치·사회적 안전을 보장해야 합니다. 특히 노동시장이 유연해져야 근로 인력이 효율적으로 배분될 수 있습니다.

3) 효율적인 기반시설 확충

신속한 정보 수집과 편리하고 값싼 교통·통신 시설 등 기반시설을 효율적으로 잘 갖추어야 합니다. 뉴욕, 런던, 홍콩 등에서는 언론 자유가 보장되기 때문에 다양한 언론 매체, 금융기관, 출판사들이 이 도시들에 모여듭니다. 이렇듯 언론 자유도 기반시설에 포함이 됩니다. 아울러 모국어 외에 영어, 중국어, 일본어를 구사하는 사람이 많아서 의사소통에 불편이 없어야 합니다. 그러나 가장 중요한 기반시설은 인격과 국격으로 예의를 지키는 것입니다. "개인의 품위는 인격이요 예절은 국격"이라는 것을 가슴에 새겨서 국민 모두 올바르고 예의 바른 태도를 지녀야 합니다.

4. 창조혁신생태계 중심지가 되기 위한 우리나라의 강점

[물음]
창조혁신생태계 중심지가 되기 위해 우리나라는 어떤 강점을 가지고 있나요?

[답변]
우리나라는 중심지가 되기 위해 필요한 여러 가지 강점을 이미 많이 가지고 있습니다. 우수한 인적 자본, 세계적 무역 강국, 아시아의 교통 요충지, 수준 높은 의료 산업, 디자인 강국, 세계로 뻗어나가는 문화 산업, 잠재력이 풍부한 관광 산업, 국제 협력과 외교 중심지 등이 그 강점들입니다.

1) 우수한 인적 자본

교육 · 과학기술 · 경제의 창조혁신생태계 중심지가 필요로 하는 인적 자본은 많은 교육과 훈련을 받은 품격 있는 고급 인력입니다. 우리나라는 지난 60여 년 동안 경제 발전을 이룩하는 과정에서 많은 인적 자본을 축적해왔습니다. 또한 많은 분야에서 상당한 수준의 과학기술 경쟁력을 갖추고 있습니다. 그래서 아시아의 교육 · 경제 · 과학기술 · 문화 창조혁신생태계 중심지로 발전할 수 있는 충분한 강점을 지니고 있습니다.

게다가 우리나라는 기술을 받아들이는 능력이 세계 9위를 차지할 정도로 높습니다. 우리나라의 GDP 대비 연구개발비 지출은 2014년 세계 제1위로 평가되었습니다. 이와 같은 높은 기술 흡수력과 과감한 연구개발 투자에 힘입어 우리나라의 첨단 제조업 분야는 지속적으로 성장하고 있습니다.

우리나라는 새로운 성장 기술 분야에서도 뛰어난 성과를 보이고 있습니다. 특히 나노 소재 기술 개발 관련 특허 등록 건수는 미국, 일본, 독일에 이어 세계 4위를 차지했습니다. 신재생 에너지 특허 등록과 바이오 기술 개발 관련 기업의 수도 각각 5위를 차지했습니다. 이는 세계적 기술 강국인 네덜란드, 덴마크, 프랑스보다 앞선 성적입니다.

2) 세계적 무역 강국

홍콩과 싱가포르, 네덜란드 등은 무역 중심지 역할을 하고 있습니다. 우리나라는 이런 면에서도 대단한 강점을 지니고 있습니다. 2015년 기준 우리나라의 GDP 대비 무역량 비율은 74.5%입니다. 2015년 현재 대외 수출액이 5,488억 달러이고 교역 대상국도 235개 나라에 이르고 있습니다. 거의 전 세계 나라를 대상으로 무역을 하고 있는 셈입니다.

우리나라는 대외지향적 경제 발전 전략을 추진하기 위해 개별 국가나 지역과 FTA(Free Trade Agreement, 자유무역협정)를 추진하고 있습니다. FTA는 나라 사이에 상품의 이동을 자유롭게 만드는 협정입니다. 이 협정이 맺어진 특정 나라 사이에는 서로 무역 특혜를 누릴 수 있습니다. 우리나라는 2004년 칠레와 첫 FTA를 맺은 후 2015년 말 현재 53개 나라와 FTA를 맺었습니다. 중국이나 일본보다 훨씬 많은 나라와 높은 수준의 무역 자유화 협정을 맺은 것입니다.

그중에서도 가장 눈에 띄는 성과는 세계 최대 시장인 유럽연합(EU), 미국, 중국과 FTA를 맺어 발효 중이라는 사실입니다. 이는 아시아 국가 중 유일하게 거둔 성과입니다. 한·EU, 한·미 FTA는 시장 규모가 클 뿐만 아니라 서비스 교역과 투자까지 포함하는 수준 높은 FTA입니다. 우리나라가 이 두 FTA를 체결하자마자 중국과 일본이 이를 활용하기 위해 우리나라에 대한 투자를 늘렸습니다. 또 우리나라와 직접 FTA 체결을 희망하여 한·중 FTA는 이미 체결 발효되었고 한·일 FTA는 협상 중입니다. 이렇게 많은 나라와 FTA를 맺을수록 우리나라가 세계적인 무역 중심지로 떠오르는 데 도움이 됩니다.

또한 우리나라가 세계적인 무역 중심지가 되려면 무역 관련 절차를 정비하여 무역 거래를 쉽게 만들어야 합니다. 2012년 세계은행 보고서에 따르면 우리나라는 무역활동 규제 면에서 세계 183개 나라 중 3위를 기록했습니다. 이는 OECD 국가들은 물론 물류 중심지인 네덜란드보다 경쟁력이 높고 아시아 중계 무역의 중심지인 홍콩과 맞먹는 경쟁력입니다.

3) 아시아의 교통 요충지

우리나라는 세계 2위와 3위의 경제 대국인 중국과 일본 사이에 위치하고 있습니다. 또 동북아의 중심지가 되기 위한 기반시설 투자를 많이 하여 항공·해운 면에서 동북아시아의 중심지로 떠오르고 있습니다.

인천국제공항은 이미 세계적인 정상급 공항으로 경쟁력을 확보했습니다. 2015년 환승객 수가 약 566만 명을 돌파하여 이웃 중국 상하이의 푸동공항과 일본 도쿄의 나리타공항의 환승객 수를 앞질렀습니다. 공항 이용 여객의 수는 연간 약 4,872만 명에 달합니다. 이는 세계 6위의 기록이며 취항 도시는 176개로 푸동공항(90개)이나 나리타공항(98개)보다 훨씬 많습니다.

또한 인천공항은 아시아 주요 시장과의 접근성이 매우 뛰어납니다. 인천공항에서 서너 시간 비행 거리 안에 인구 100만 명 이상 도시가 51개나 되기 때문입니다. 연간 화물 수송량도 2.49만 톤으로 세계 4위를 차지하고 있습니다. 인천공항은 이렇게 동북아시아 최대 공항으로서 입지를 굳건히 지키고 있고 전략적 화물 수송 중계지로서의 역할도 충실히 하고 있습니다. 뿐만 아니라 인천공항은 편리하고 높은 서비스 품질로도 인정을 받고 있습니다. 그 덕분에 국제항공위원회가 수여하는 '세계 최우수 공항상'을 수상했고 '태평양 최고 공항', '중대형 최고 규모 공항'에도 10년 연속 선정되었습니다.

부산항도 화물량 기준으로 세계 6위권 규모를 자랑하는 세계적인 항구입니다. 부산항은 지리적으로 동아시아의 주요 구간 사이를 연결하는 간선 항로에 위치하고 있습니다. 뿐만 아니라 주변에 피더 서비스feeder service(컨테이너 선박이 들르지 않는 항구에서 발생한 물류를 트럭, 기차, 배 등을 이용하여 컨테이너 선박이 들르는 항구로 옮기는 일)가 가능한 항만들이 위치하고 있어서 앞으로 해운 물류 산업을 위한 허브 항만으로 발전할 가능성이 큽니다. 더구나 부산항은 앞으로 통일이 되거나 남북관계가 좋아지면 유라시아 횡단 열차의 아시아 시발점이 될 수 있습니다. 그렇게 되면 부산항뿐만 아니라 우리나라 전체가 아시아와 유럽을 잇는 새로운 비단길의 동쪽 관문이 될 것입니다.

4) 수준 높은 의료 산업

우리나라의 의료기술과 서비스의 질적·양적 수준은 매우 높습니다. 거의 해마다 대학 진학자들 중 성적 상위 1% 안에 드는, 우수한 인력 약 5천 명이 의과 대학에 진학하는 덕분입니다. 2012년 기준 인구 1천 명당 의사 수는 두 명으로 일본(2.1명)과 양적으로 비교해도 크게 뒤지지 않습니다. 또한 아시아의 의료 중심지가 되기 위해 노력하는 싱가포르와 태국이 각각 두 명과 0.3명인 것에 비하면 우리나라가 의료 중심지로 성공할 잠재력이 충분합니다.

의료기술도 뛰어납니다. 예를 들어 서울아산병원은 2016년 6월 21일 현재 국내 처음으로 5천 건의 간 이식 수술을 성공했습니다. 수술 환자의 생존율은 1년 97%, 3년 89%, 5년 88.5%로 미국의 1년 88.7%, 3년 82.7%, 5년 79.7%보다 높습니다. 이는 세계 최고 수준이라 할 수 있습니다. 심혈관계 질환의 치료 시술과 뇌졸중 진료 성과는 세계 1위, 자궁경부암, 대장암 진료는 각각 2위와 5위이며 위암, 자궁암, 간암 등의 수술 후 생존율은 선진국보다 높습니다.

의료 장비 면에서도 선진국에 뒤지지 않습니다. 입원 환자에게 제공되는 병상 수는 OECD 국가 중 일본 다음인 세계 2위입니다. MRI는 최첨단 의료 진단 장비 중 하나인데 우리나라에는 인구 100만 명당 24.5대를 가지고 있는데 이는 일본(46.9대), 미국(35.5대)에 이은 세계 3위의 수량입니다.

이런 점들이 반영되어 의료 목적으로 우리나라에 오는 외국인 수는 점점 늘고 있습니다. 2009년 5월 의료법이 바뀌어 외국인 환자를 받는 것이 허용되었습니다. 이후 2011년 12만 명의 외국인 환자가 입국했고 이에 따라 건강 관련 여행수지가 처음으로 흑자로 돌아섰으며 2018년에는 37.9만 명의 외국인 환자를 유치하였습니다.

5) 디자인 강국

경제가 발전할수록 혁신적인 디자인은 제품의 경쟁력을 크게 높입니다. 그러므로 부가가치가 높은 디자인 산업은 점점 더 중요해지고 있습니다. 뉴욕과 런던은 이런 점에 착안하여 일찍부터 문화 콘텐츠 산업과 디자인 산업을 연계하여 세계적인 디자인 중심지로 발전했습니다.

2008년 한국디자인진흥원에서 세계 17개 나라를 상대로 실시한 국가 디자인 경쟁력 조사를 실시했습니다. 이 조사의 결과에 따르면 1위는 이탈리아, 2위 프랑스, 3위 미국, 6위 일본 순이었고 우리나라와 덴마크는 공동 8위, 중국은 13위, 싱가포르는 15위를 차지했습니다. 특히 수상 실적 등으로 평가한 디자이너의 질적, 양적 수준은 우리나라가 가장 높다고 평가되었습니다. 서울은 2010년 국제디자인연맹과 국제산업디자인단체협회가 뽑은 '세계 디자인 수도'로 선정되었습니다.

우리나라가 세계 3대 디자인 공모전에서 상을 받은 실적을 조사해보면 2009년에는 총 317건으로 전체 수상 건수 중 9.6%를, 2010년에는 8.6%를 차지했습니다. 특히 학생이나 디자이너 개인이 수상하는 비율이 큰 폭으로 늘고 있어서 더 큰 가능성을 보여줍니다.

요컨대 우리나라 디자인 분야에는 세계적인 경쟁력을 갖춘 높은 수준의 인력이 많이 일하고 있습니다. 그 중에서도 산업 디자인과 패션 디자인 분야에서는 세계적으로 인정받고 있습니다. 이런 추세가 계속되면 우리나라는 아시아에서 으뜸가는 디자인 중심지로 발전할 수 있습니다.

6) 세계로 뻗어나가는 문화 산업

우리나라는 문화 콘텐츠 산업에 많은 강점을 지니고 있습니다. 그 가장 대표적인 예가 '한류' 열풍입니다. 지금도 한류 열풍은 세계 전역으로 퍼져나가고 있습니다. 세계로 뻗어나가는 우리의 문화 콘텐츠는 드라마, 영화, K-POP, 애니메이션 등입니다. 특히 드라마와 K-POP이 세계적으로 많은 인기를 얻고 있습니다. 한류 대표 드라마 '대장금'의 경우 이란 90%, 태국 60%, 일본

19%의 시청률을 보였습니다. 우리나라와 중국에서 동시 방영된 드라마 '태양의 후예'는 30%의 시청률을 기록했고 우리나라의 아이돌 가수들이 미국 1위의 음반 차트인 빌보드 차트에 진입하기도 했습니다.

또 클래식 음악 분야에도 우리나라에는 소프라노 조수미, 바이올리니스트 장영주, 첼리스트 장한나, 피아니스트 백건우, 마에스트로 정명훈 등 여러 명의 세계적 거장이 있습니다. 피아니스트 조성진은 한국인 최초로 쇼팽 콩쿠르에서 우승을 차지하기도 했습니다. 뿐만 아니라 우리나라에서는 세계적인 영화감독과 배우들도 배출하고 있습니다.

우리나라의 게임 산업도 세계적인 경쟁력을 가지고 있습니다. 우리의 게임 산업의 매출액은 2014년에는 195조 원으로 그 전 해와 비교해 4.1%가 증가했습니다. 수출액도 53억 7천만 달러로 전년 대비 7.1%가 증가했습니다. 영국에서 발표한 게임 산업 경쟁력 분석 보고서에 따르면 미국 171점, 일본 133점에 이어 우리나라가 129점으로 세계 3위를 기록했습니다.

한마디로 말해 세계를 휩쓸고 있는 한류 열풍과 우리나라의 음악, 영화, 게임 산업 등은 이미 세계적인 위치를 차지하고 있습니다. 이를 기반으로 우리나라는 곧 세계적인 문화 혁신 중심지로 떠오를 것이 확실합니다.

7) 잠재력이 풍부한 관광 산업

대부분의 경제·문화 중심지에서는 무역, 금융 등 경제 중심 기능 외에도 관광 산업이 크게 발전하고 있습니다. 세계경제포럼의 2017년 관광 경쟁력 순위에 따르면 스페인 1위, 일본 4위, 미국 6위, 홍콩 11위, 싱가포르 13위, 중국 15위, 한국 19위로 대부분의 중심지가 세계 관광 상위 20위 안에 포함됩니다.

우리나라는 풍부한 관광 잠재력을 가지고 있습니다. 관광객들이 좋아할 만한 아름다운 자연 경관, 유구한 역사, 독특한 전통문화 등이 있기 때문입니다. 자연 관광 자원으로는 자연 휴양림, 온천, 해수욕장, 동굴, 계곡 등을, 문화 관광 자원으로는 전통 사찰, 궁궐, 왕릉, 박물관, 전시관 등을 들 수 있습니다.

관광 산업을 다른 산업과 접목하여 융·복합 관광 상품으로 개발하면 더욱 성장할 가능성이 있습니다. 싱가포르의 경우 관광과 의료 산업을 접목한 의료 관광 산업이 2003년 이후 연평균 23%의 높은 성장률을 보이고 있습니다. 영국과 미국은 세계적 수준의 미술관, 박물관과 함께 뮤지컬, 오페라 등 다양한 공연 프로그램을 갖추고 있습니다. 그 덕에 관광객들의 발걸음이 끊이지 않지요.

우리나라는 홍콩, 싱가포르보다 더 다양한 관광 자원을 지니고 있습니다. 뿐만 아니라 세계적 수준의 의료 산업, 문화 산업, 디자인 산업, 화장품 산업 등을 갖추고 있고 국제회의도 자주 열립니다. 이런 산업들은 우리나라 관광 산업 발전에 큰 도움이 됩니다. 이렇게 우리나라는 아시아의 관광 중심지가 될 수 있는 강점을 충분히 가지고 있어서 관광 경쟁력 순위가 2015년 29위에서 2017년 19위로 열 계단 상승했습니다.

또 중국의 소득 증가와 외국 여행 자유화로 외국 여행을 떠나는 중국인 관광객이 크게 늘고 있습니다. 이런 점도 중국과 지리적으로 가까운 우리나라 관광 산업 발전에 도움이 되고 있습니다.

최근 우리나라의 국제적 위상이 높아지면서 우리나라에서 개최되는 국제회의 수가 급격히 증가하고 있습니다. 우리나라의 국제회의 개최 건수는 2014년 636건으로 세계 4위이고 아시아에서는 싱가포르에 이어 2위를 차지했습니다. 이로 인한 관광객 수 증가도 우리나라 관광 산업에 큰 기대를 갖게 합니다.

8) 국제 협력과 외교 중심지

국제 협력과 외교활동의 중심지가 되면 경제에도, 안보에도 이익을 얻을 수 있습니다. 스위스, 네덜란드, 뉴욕, 싱가포르 같은 나라들이 대표적인 세계의 중심지입니다. 국제 협력과 외교 활동의 중심지가 되기 위해 노력을 시작했고 그런 역할을 하기에 매우 좋은 위치에 있습니다. 개발도상국들은 한국형 발전모형을 배우려 하고 세계의 많은 나라가 우리나라가 선진국과 개발도상국 사이의 다리 역할을 할 것을 기대하기 때문입니다. 또 중국과 일본도 동북아시아의 지속적인 경제 발전을 위해 우리나라가 중간자 역할을 해주기 바라기 때문입니다.

우리나라는 우리의 경제 발전 경험을 세계 여러 지역에 있는 개발도상국에게 전해주어 그 나라들의 경제 발전에 기여하고 있습니다. 2015년 아시아 14개국, 중동 4개국, 아프리카 11개국, 중남미 14개국 등 총 46개 나라에 우리나라가 지난 50년 동안 이룬 경제 개발 방식을 전수하고 있습니다. 이런 프로그램을 운영하면서 우리나라는 세계 여러 지역의 경제 개발도상국들과 돈독한 관계를 맺었습니다. 이 점도 우리나라가 교육 · 과학기술 · 경제 · 문화 창조혁신생태계 중심지로 발전하는 데 큰 도움이 되고 있습니다. 우리나라는 이미 선진국과 개발도상국의 다리 역할을 하고 한·중·일 세 나라 사이의 관계 개선과 경제 협력에도 주도적 역할을 하고 있습니다.

2009년 코펜하겐에서 개최된 제15차 기후변화당사국총회에서 세계녹색성장연구소(GGGI)를 우리나라에 유치하는 데 성공했습니다. 이런 국제기구의 유치는 우리나라가 국제 협력과 외교 중심지로 발전하는 데 획기적인 계기가 될 것입니다. 앞으로도 우리나라가 국제 협력과 외교 중심지로 발돋움하기 위해서 더 많은 국제기구를 유치하는 노력을 기울여야 합니다.

제9장 | 홍익창조혁신생태계 중심지로서의 주요 과제

[물음]
우리나라가 홍익창조혁신생태계 중심지가 되려면 어떻게 해야 할까요?

[답변]
홍익창조혁신생태계 중심지가 되려면 다음과 같은 과제를 해결해야 합니다.
1. 시장경제 원리의 강화
2. 진입 규제의 최소화
3. 퇴출제도 개선을 통한 경쟁 촉진
4. 고등교육의 질적 수준 개선
5. 대학의 창의적 연구 능력 제고
6. 새로운 노동시장 수요에 맞춘 인재 양성
7. 인적 자원의 효율적인 활용
8. 기술 개발의 질적 수준 향상

우리나라는 홍익창조혁신생태계 중심지가 될 수 있는 강점을 이미 많이 가지고 있습니다. 그러나 일류 중심지로 떠오르기 위해서는 보완하고 더 튼튼하게 만들어야 할 과제들이 있습니다. 여기에 그 과제들과 해결 방안을 함께 제시합니다.

1. 시장경제 원리의 강화

　우리나라는 시장경제 체제를 택한 나라입니다. 사유재산 보장으로 근로, 저축, 투자 의욕을 높여 생산성을 증대시키고 공정한 자유경쟁을 허용하여 기술 혁신이 촉진되었습니다. 덕분에 놀랄만한 경제 발전을 이룰 수 있었지요. 그러나 이제 홍익을 바탕으로 한 창조혁신생태계 중심지가 되려면 시장경제 체제를 여러 면에서 더욱 굳건하게 만들어야 합니다.

　특히 제도 면에서 보완해야 할 것이 많습니다. 세계경제포럼이 세계 140개 나라를 대상으로 실시한 2015~2016년도 국가경쟁력 평가에서 우리나라는 종합 순위 26위를 차지했습니다. 그러나 경제제도 부문은 지나친 정부 규제로 97위, 정책의 투명성은 123위, 정부의 효율성은 70위, 정치에 대한 신뢰는 94위로 매우 낮게 평가되었습니다. 우리나라의 뒤떨어진 경제 체제를 선진국 수준으로 끌어올리려면 시장경제 원리를 더욱 강화해야 합니다. 이는 법치주의를 확립하고 자유경쟁을 가로막는 정부 규제 개선, 조세제도와 행정 개선, 중장기 정책의 일관성을 높이는 등 네 부문에서 적극적으로 이뤄져야 합니다. 이제 이 네 부문을 어떻게 개선해야 할지 자세히 살펴보겠습니다.

1) 법치주의 확립

우리는 법치주의를 다음과 같이 정리할 수 있습니다. 첫째, 국가는 국민의 생명, 재산 및 자유를 최대한 보호하기 위해 법에 따라 의무를 수행해야 하고 모든 국민은 법을 지켜야 합니다. 둘째, 법은 적법한 절차에 따라 제정되어야 하고 법 제정의 최종 결정은 다수결의 원리에 따라야 합니다. 셋째, 법은 소급되도록 만들어져서는 안 되고 투명해야 합니다. 소급이란 법의 효력을 그 법이 만들어지기 이전에 생긴 일에까지 거슬러 미치게 하는 것을 말합니다. 또 법의 방향이 오락가락해서는 안 되고 일관성이 있어야 합니다. 넷째, 어떤 일이 법에 맞는지 아닌지는 행정부와 입법부로부터 독립된 사법부의 공정한 재판을 통해 결정되어야 합니다. 다섯째, 법은 전 인류 사회의 보편적인 인권 보장 수준과 가치에 들어맞는 것이 바람직합니다.

법치주의는 시장경제의 효율성을 높여줍니다. 그래서 지속적인 성장을 가능하게 합니다. 우선 경제활동에 대한 국가기관의 간섭을 막아서 경제활동으로 생기는 결실을 보호합니다. 또 앞으로도 잘 될 것이라는 예측 가능성을 높여서 경제와 투자활동을 활발하게 합니다. 자유롭게 맺어진 계약을 보장하고 거래비용을 줄여 분업과 전문화가 잘 이뤄지고 그 결과 모든 생산 요소의 생산성을 높일 수 있습니다. 거기에 사상과 표현의 자유 등을 보장하여 창의, 혁신이 활발하게 되도록 하면 경제가 보다 빠르게 성장하고 발전하여 모두에게 혜택이 돌아갑니다.

우리나라의 법치주의 수준은 대략 네 가지로 정리됩니다. 첫째, 입법부의 횡포가 심하고 사법부의 견제가 약합니다. 둘째, 문제를 법에 따라 해결하지 않고 불법적인 힘과 폭력 혹은 이른바 '떼법'으로 해결하려는 경우가 많습니다. '떼법'이란 법 적용을 무시하고 생떼를 쓰며 억지 주장하는 것을 일컫는 말입니다. 셋째, 법이 명료하지 못해 법이나 정부 규제가 효과적으로 집행되지 못하는 경우가 많습니다. 넷째, 범죄 수사의 효율성이 떨어지거나 제대로 이뤄지지 않을 때가 많고 불공정한 형 집행도 많습니다. 이 내용들은 세계 66개 나라를 대상으로 한 세계 사법 정의 프로젝트의 조사 결과입니다. 이런 상황들을 개선하지 못하면 이것들이 우리나라 경제 발전의 발목을 잡는 요소가 될 것입니다.

2) 자유경쟁 정책을 더욱 굳건하게

시장경제가 사회주의 계획경제보다 더욱 발전하게 되는 근본적인 원인은 자유경쟁이 가능하다는 점입니다. 우리나라는 지난 50년 동안 자유경쟁을 꾸준히 강화해왔습니다. 그러나 아직도 부족한 점이 많습니다. 경쟁시장에 들어가기 어렵게 하는 진입 규제를 최소한으로 줄이고 부실한 기업을 퇴출시키는 제도를 개선하여 경쟁이 더욱 활발해지도록 해야 합니다.

2. 진입 규제의 최소화

어떤 일을 벌이려 할 때 갖춰야 하는 인가, 허가, 면허, 등록, 신고, 지정, 승인 등은 자유로운 경제활동의 참여를 제한합니다. 이런 것들이 이른바 진입 규제입니다. 그 시장으로 들어가는 것을 방해하는 것이지요. 이런 진입 규제는 시장 참여를 차단하고 새로운 투자를 줄어들게 합니다. 그래서 경제 활력을 떨어뜨리며 기득권을 보호하는 수단으로 악용되고 있습니다. 우리나라에서는 아시아의 경쟁국인 싱가포르나 홍콩에서보다 창업하기 어렵습니다. 절차도 복잡하고 많은 시간과 높은 비용이 필요합니다.

이런 진입 규제는 우리나라 경제의 잠재 성장률까지 낮아지게 만듭니다. 잠재 성장률이란 물가 상승 등의 부작용 없이 달성할 수 있는 성장률을 말합니다. 반대로 진입 규제를 최소화할수록 경제 성장에는 도움이 되겠지요. 진입 규제를 평균 10% 낮추면 0.4%P 정도 고용이 늘어나는데 이는 일자리 10만 개를 만드는 정도의 효과입니다.

우리나라에서 진입 규제는 서비스 산업에 주로 집중되어 있습니다. 그래서 서비스 투자가 제대로 이뤄지지 않았고 투자가 부진하면 생산성을 더욱 떨어뜨립니다. 악순환이 계속되는 것이지요. 진입 규제를 간소화하여 서비스 부문의 경쟁력을 강화해야 합니다. 경제 구조가 고도화되면서 서비스 부문의 생산성이 낮으면 다른 산업의 생산성 향상에도 큰 영향을 끼치기 때문입니다. 규제개혁은 인적 자본을 활성화하여 산업 생산성을 높이고 이를 통해 경제를 성장시키는 매우 효과적인 수단입니다.

3. 퇴출제도 개선을 통한 경쟁 촉진

시장경제 활성화를 위해서는 부실기업을 퇴출시키는 제도도 개선해야 합니다. 퇴출제도 개선의 핵심은 '한계기업'을 청산하는 것입니다. 좀비 기업이라고도 불리는 한계기업은 대출 이자도 갚기 어려울 정도로 영업 이익이 적은 기업입니다. 이런 기업은 정부 또는 채권단의 지원을 받아 겨우겨우 지탱하는 잠재 부실기업이기도 합니다. 금융기관이 기업의 성장력이나 경쟁력보다는 담보를 보고 자금을 대출해주기 때문에 이런 기업이 생겨납니다.

한계기업이 퇴출되지 않으면 금융과 노동 자원이 부실기업에 묶여 정상적인 기업에까지 영향을 주게 됩니다. 더구나 새로운 기업이 그 시장에 들어가는 것도 어렵게 합니다. 그러므로 구조조정을 통해서 한계기업이 깎아먹고 있는 경제 자원을 정상적으로 움직일 수 있게 해야 전체 산업의 생산성을 높일 수 있습니다.

부실기업에 대한 구조조정으로 시장경제가 원활하게 움직일 수 있도록 하려면 우선 중소기업을 도와야 합니다. 신용보증제도 등 금융 정책 정비를 통해 중소기업을 도울 수 있습니다.

4. 고등교육의 질적 수준 개선

우리나라가 교육·과학기술·경제·문화 창조혁신생태계 중심지가 되려면 높은 부가가치를 창출할 수 있는 창의성과 혁신성을 갖춘 고급 인력이 더 필요합니다. 또 국제 사회에 당당하게 나설 수 있는 능력을 가진 범세계적 지도자를 많이 키워내야 합니다.

우리나라의 대학은 지난 50년 동안 양적으로 많은 성장을 했습니다. 그러나 세계적인 경쟁력을 제대로 갖추지는 못했습니다. 2016년 IMD의 국가 경쟁력 평가 중 대학 경쟁력 지수에 따르면 우리나라는 61개 나라 가운데 33위에 그쳤습니다. 2016년 발표된 QS의 세계 대학 평가에서 2016년 국가별 100위권 대학 수는 미국 32개, 영국 18개, 호주 6개, 일본 5개였고, 독일, 스위스, 홍콩, 중국, 캐나다, 한국이 4개로 기대에 못 미치는 실적이었습니다.

우리나라의 교육열은 세계에서 가장 높습니다. OECD 국가 가운데 사교육에 가장 많은 돈을 지불하고 있고 우리나라 학생들의 문제 해결 능력은 세계 최고입니다. 또 우리나라 사람들의 평균 지능 지수(IQ)는 백인 평균보다 2~10점이 높다고 합니다.

우리나라 사람들은 16~24세에는 OECD 평균보다 높은 역량을 나타냅니다. 하지만 35~44세 이후 OECD 평균보다 역량이 떨어지고 특히 45~54세에는 OECD 평균보다 크게 낮게 나타납니다. 우리나라 사람들의 역량이 나이 들수록 낮아지는 것은 두 가지 문제 때문입니다. 하나는 고등교육을 비롯한 우리나라 교육의 질적인 문제입니다. 또 다른 문제는 취업을 한 후 더 이상의 학습을 하지 않아 역량이 축적되지 않는다는 점입니다.

23개 나라의 공공 업무 능력을 조사한 결과 우리나라의 공무원과 공기업 직원 등 중앙과 지방의 공공 인력의 역량은 OECD 평균에도 못 미치는 것으로 나타났습니다. 우리의 공공 인력은 언어 능력, 수리력, 컴퓨터 기반 문제 해결력 등 핵심 정보 처리 항목에서 특히 뒤떨어지고 있습니다. 그중에서도 45~54세 연령대 공무원의 역량이 크게 부족합니다. 중추적인 역할을 해야 하는 이 연령대의 능력 부족은 국가 정책을 제대로 추진하는 데 걸림돌이 됩니다. 결과적으로 힘이 약한 정부를 만들 우려가 있습니다. 이런 현상이 생기는 원인은 다양합니다. 예를 들면 우수 인재의 창의성을 가로막는 상명하달식 문화, 자신의 역량을 키우기 위한 학습 의지 저하, 능력에 따른 보상 체계가 제대로 되어 있지 않은 상황 등입니다. 상명하달식 문화는 상사는 명령을 내리고 부하 직원은 그에 무조건 따라야 하는 문화를 말합니다.

우리나라 성인 근로자의 역량이 선진국에 비해 크게 떨어지는 이유는 대학교육의 질이 상대적으로 낮고 직무 능력에 따른 차별적 보상이 잘 이뤄지지 않기 때문입니다. 따라서 대학교육 과정에 대한 대대적인 개혁과 부실 대학 정리가 필요합니다. 또 노동시장 유연화를 통해 직장인의 능력에 따라 차별적으로 보상하는 구조로 바뀌어야 합니다.

우리나라는 일본과 더불어 세계에서 공동체주의가 가장 강한 나라입니다. 하지만 개인주의도 대단히 강합니다. 그러므로 개인주의적 기업 경영과 공동체주의적 기업 경영을 융합하면 동서양을 앞설 수 있는 독창적인 기업 모형을 만들 수 있습니다.

전 세계 주요한 나라들은 우수 인력을 확보하기 위해 이미 여러 정책을 시행하고 있습니다. 미국은 세계적 수준의 대학 경쟁력을 바탕으로 우수한 인력을 키워내고 있습니다. 또 전 세계 우수 인력을 유치하여 국가 차원에서 고급 인력을 관리하고 있습니다. 싱가포르, 홍콩, 중국 등 아시아 국가들도 고등교육의 선진화를 위해 이미 많은 노력을 기울이고 있습니다. 싱가포르는 미국의 시카고대학과 뉴욕대학 등 세계 유명 대학의 분교를 싱가포르 안에 만들었습니다. 또 스탠포드, MIT 등과 싱가포르 국립대학 등이 공동 프로그램을 운영하여 저명한 과학자들을 모아들여 범세계적 우수 인재 집단을 구성했습니다. 그 덕분에 싱가포르는 '교육 중심지'로 선순환의 효과를 누리고 있습니다. 우리나라는 인천 송도에 국제 캠퍼스를 만들고 조지메이슨대, 뉴욕주립대 등을 유치하였습니다. 이런 프로그램들은 범지구적 기업과 범지구적 인재를 끌어들이는 원동력이 되고 있습니다.

우리나라 고등교육의 질적인 수준을 높이려면 대학은 다음과 같은 과제를 해결해야 합니다. 첫째, 국내 대학이 배출한 인재가 범지구적 지도자가 될 수 있도록 국제화한 교육을 실시해야 합니다. 둘째, 미래 지식 집약 분야에서 앞서갈 수 있도록 연구 수준을 개선해야 합니다. 셋째, 대학은 우수한 고등교육 인력이 학교를 졸업하면 시장에 바로 들어가 제대로 일을 할 수 있도록 시장 수요에 맞는 교육을 실시해야 합니다.

이제 세계는 하나의 거대한 시장이 되었습니다. 상호관계와 협력이 갈수록 강조되지만 경쟁도 치열해지고 있습니다. 우리나라 대학의 역할은 우수한 고등교육을 통해 홍익인간정신을 갖춘 범지구적 지도자를 키워내는 것입니다. 이 지도자들은 세계화 시대에 국제무대에서 활동할 수 있는 인재여야 합니다. 따라서 대학은 국제화와 홍익인간에 바탕을 둔 인문사회 분야의 교과 과정과 외국어 수업을 확대해야 합니다.

국제 공용어인 영어의 활용 수준을 높이는 것은 창조적 혁신 생태계 중심지를 성공으로 이끄는 조건 중 하나입니다. 네덜란드, 싱가포르, 스위스, 룩셈부르크, 이스라엘 등의 국민은 이미 높은 수준의 영어 구사 능력을 갖추고 있습니다.

홍콩은 '아시아 교육 허브'를 추구하며 고등교육 정책을 펼치고 있습니다. 홍콩 정부는 동서양의 인재를 유치하는 '지식 허브 프로젝트'를 실시하여 홍콩을 아시아 최고의 학문 중심지로 만들

계획을 세웠습니다. 그 일환으로 우수한 외국인 교수들을 초빙하고 수업의 대부분을 영어로 이뤄지게 했습니다. 학비는 영어권 나라의 절반밖에 안 되고 대학 졸업 후 외국계 기업으로 진출하기 쉽습니다. 그래서 아시아와 서양의 인재들이 홍콩으로 모여들고 있습니다.

네덜란드의 바스트리히트 대학은 글로벌 경쟁력을 높이기 위해 영어를 공식 언어로 지정했습니다. 학생의 45%, 교수의 30%가 외국인이며 학부 과정의 65%, 석사 과정 수업의 90%가 영어로 진행됩니다. 또 대학 안 모든 행정의 공식 문서와 홈페이지 등도 영어로 운영되고 있습니다.

우리나라 대학도 글로벌 경쟁력을 높이고 제대로 된 국제화 교육을 위해 우수한 외국인 교수를 많이 영입해야 합니다. 2018년 기준 우리나라 일반 대학의 외국인 전임 교원의 비율은 6.7%이며 이들 중 박사학위를 가진 사람의 비율도 낮습니다. 외국인 교원뿐만 아니라 외국에서 글로벌 교육을 받은 우수한 한국인 교원도 많이 확보해야 합니다.

외국인 유학생을 우리 대학에 다니게 하면 우리나라의 문화, 언어와 정서에 친숙한 외국인 전문 인력을 키워낼 수 있습니다. 또 그들은 자기네 나라와 우리나라 사이에서 문화 · 경제적 다리 역할을 할 수 있습니다. 그렇게 인적 네트워크를 구축할 수 있고 그 인력들은 우리나라가 창조혁신생태계 중심지가 되는 데 큰 도움이 될 것입니다.

2010년부터 외국인 유학생에게 우리 정부가 장학 혜택을 준다는 GKS 사업을 추진해왔습니다. 그런데 현재 국내에 와 있는 외국인 유학생은 중국 등 아시아 지역 출신에 편향되어 있습니다. 2014년 기준 국내 대학의 학위 과정에 학적을 둔 외국인 유학생 수는 총 2만 8,919명입니다. 출신 지역별로는 아시아 지역 학생이 2만 7,052명으로 약 93.5%를 차지합니다. 그중 중국 75.7%, 일본 2.8%, 몽골 3.2%, 베트남 2.0% 등 이 네 나라의 비중만도 약 84%에 달합니다.

5. 대학의 창의적 연구 능력 제고

우리나라가 교육·과학기술·경제·문화 창조혁신생태계 중심지가 되어 주변에 높은 부가가치 서비스를 제공하려면 대학의 창의적인 연구 능력을 높여야 합니다. 창의적인 연구 능력을 향상시키기 위해서는 연구중심대학을 육성해야 합니다. 그러면 고급기술을 개발할 수 있고 우수한 연구 인력을 키워낼 수 있습니다. 다시 고급기술과 우수 인력을 통해 미래 국가 발전을 위한 핵심 분야의 연구를 촉진하고 이를 나라 발전의 원동력으로 삼을 수 있습니다.

그동안 우리나라는 BK21, WCU 사업 등을 통해 대학의 연구를 지원해왔습니다. BK$^{Brain\ Korea}$21은 우리나라에 세계적 수준의 대학원을 만들고 우수한 연구 인력을 키우기 위해 고등교육 인력 양성에 집중 지원하는 사업입니다. 이 사업의 지원 대상은 석사·박사과정 학생, 박사학위를 받은 신진 연구원, 계약 교수 등입니다. 1999년부터 시작되었고 현재는 BK21 플러스라는 3단계 사업이 2020년 8월까지 진행 중입니다.

WCU$^{World\ Class\ University}$ 사업은 우리 정부가 마련한, 세계 수준의 연구중심대학 육성 사업입니다. 노벨상 수상자 등 연구 역량이 뛰어난 외국 학자를 우리나라 대학에 초빙하여 대학의 연구 풍토를 조성하여 대학의 교육 및 연구력을 강화하고자 도입된 사업이지요. 2009년에는 32개 대학에서 130개 사업 과제를 받아 참가했고 세계 석학이 국내로 초청되어 강의 및 연구 활동을 펼쳤습니다. WCU 사업으로 새로운 성장 동력과 융·복합 분야 연구의 새 장을 열 수 있었습니다.

정부를 비롯한 많은 사람이 BK21, WCU 사업 등에 큰 힘을 쏟았지만 결과가 기대에 미치지 못했습니다. 정부 주도의 사업이 여러 가지 한계에 부딪혔기 때문입니다. 창의적이고 혁신적인 연구를 위해서는 대학의 자율성을 보장해야 하고 연구의 질을 높이기 위해서는 박사과정 대학원생에 대한 지원을 강화하는 사업이 시행되어야 합니다. 외국의 고급 연구 인력이 우리나라로 들어오는 길을 넓히고 대학이 보다 열심히 혁신에 노력하여 글로벌 경쟁력을 높이면 우리나라가 중심지로 뛰어오르는 발판을 마련할 수 있습니다.

6. 새로운 노동시장 수요에 맞춘 인재 양성

[물음]
제4차 산업혁명으로 컴퓨터의 인공지능이 중심적 역할을 하고 사물인터넷을 통해 사물과 사물 사이가 연결되는 세상이 오면 어떤 변화가 생길까요?

[답변]
첫째, 자원 낭비가 최소한으로 줄어들 것입니다. 둘째, 소비자의 맞춤형 소비가 가능해집니다. 셋째, 육체노동이든 지식노동이든 인공지

> 능과 로봇이 할 수 있는 일은 모두 그들이 대신하게 될 것입니다. 넷째, 지식 창출의 속도가 빨라질 것입니다.

제4차 산업혁명은 새로운 사회로의 변화를 빠르게 진행시킬 것입니다. 그런 점에서 위축되었던 우리 경제에 다시 활력을 불어넣을 수 있는 좋은 기회가 될 것입니다. 세계경제포럼(일명 다보스포럼) 창립자이자 집행위원장인 클라우스 슈밥$^{\text{Klaus Schwab}}$은 산업혁명이란 새로운 기술이 경제 체제와 사회 구조를 급격하게, 전면적으로 변화시키는 것이라 했습니다. 또 그는 제4차 산업혁명은 물리학, 디지털 세계, 생물학을 기술적으로 융합하는 새로운 기술을 주도하는 것이라고 했습니다. 슈밥은 제4차 산업혁명을 주도하는 새로운 선도기술을 세 분야로 나누어 제시했습니다. 그것은 인터넷, 더 싸고 작고 강력한 센서, 인공지능과 기계 학습 등의 디지털 기술입니다.

슈밥이 말한 새로운 기술들 중 물리학 기술은 자율주행 자동차, 드론 등의 무인 운송 수단, 3D 프린터, 첨단 로봇공학 등을 말합니다. 또 디지털 기술은 사물인터넷, 블록체인, 공유 경제 등을 포함합니다. 블록체인은 가상화폐 거래 내역을 기록하는 장부로서, 신용이 필요한 온라인 거래에서 해킹을 막기 위한 기술로 사용됩니다. 생물학 기술은 유전공학, 합성생물학, 바이오프린팅 등입니다.

제4차 산업혁명은 개인과 사회 전반에 광범위한 영향을 미칩니다. 경제적으로 노동력 위기가 닥치고 일자리의 성격이 변하게 됩니다. 기업은 고객 기대의 변화에 대응해야 하고 빅 데이터를 활용한 품질 향상과 협력을 통한 혁신 등이 과제로 다가오게 됩니다. 또 사회적으로는 불평등이 악화되고 중산층이 축소되는 현상이 생길 수 있습니다. 개인에게는 정체성, 도덕성, 윤리, 인간관계, 정보 관리 등에 영향을 줄 것으로 슈밥은 예상했습니다.

슈밥은 특히 고용에 대한 영향을 눈여겨보았습니다. 선진국과 개발도상국을 포함한 15개 나라에 있는 아홉 개 산업의 다국적 기업을 대상으로 조사한, 2015~2020년 사이에 예상되는 직종별 고용 변화에서 510만 명의 일자리가 없어지는 것으로 나타났습니다. 사무·행정, 제조·생산, 건설, 디자인, 스포츠, 법률, 시설·정비 등에서 710만 명의 고용이 감소하고 비즈니스·금융, 경영·컴퓨터, 수학, 엔지니어링, 영업·관리, 교육·훈련 등에서 200만 명이 증가한 결과입니다.

제4차 산업혁명 사회는 컴퓨터의 인공지능이 중심적 역할을 하는 사회가 될 것입니다. 물론 인공지능이 인간의 지능 수준으로 올라설 때까지는 인간이 그 역할을 계속할 것입니다. 또 연결은 사람과 사람 사이에 그치지 않고 사물인터넷을 통해 사물과 사물 사이에도 이루어질 것입니다. 그에 따라 사회에 많은 변화가 생기겠지요. 구체적으로 어떤 변화가 생길까요?

첫째, 자원 낭비가 최소한으로 줄어들 것입니다. 대표적인 사례가 우버, GE의 산업 인터넷 등입니다. 우버는 스마트폰 기반 교통 서비스를 제공하는 운송 네트워크입니다. 차량 이동이 필요한 사용자와 주변에 있는 우버 등록 운전사의 차량을 연결해주는 서비스로, 택시가 아닌 일반 차량을 배정받을 수 있도록 해줍니다. 우버가 활성화되면 자동차와 주차장의 수요가 줄어들 것입니다. 또 GE의 산업 인터넷은 장비나 기계를 인터넷으로 연결하는 것뿐만 아니라 여기에 장착된 센서로 수집한 데이터를 통합, 분석하여 지능형 시스템을 갖추는 것입니다. 이를 통해 장비 고장이나 과거에 범했던 시행착오를 되풀이하는 것을 사전에 방지할 수 있습니다.

둘째, 소비자의 맞춤형 소비가 가능해집니다. 인더스트리4.0이 되면 유연한 생산이 가능해지기 때문입니다. 인더스트리4.0은 사물인터넷을 통해 생산 기기와 생산품 사이에 상호소통 체계를 구축하고 전체 생산 과정을 최적화하는 4차 산업혁명을 뜻합니다. 집에서도 3D 프린터로 물건을 직접 만들 수 있습니다.

셋째, 육체노동이든 지식노동이든 인공지능과 로봇이 할 수 있는 일은 모두 그들이 대신하게 될 것입니다.

마지막으로, 지식 창출의 속도가 빨라질 것입니다. 단순한 작업은 로봇에게 맡기고 인간은 창의적인 일에 집중하게 되기 때문입니다. 또 네트워크를 통해 집단 지성이 발휘될 수도 있기 때문입니다.

이처럼 제4차 산업혁명 사회는 이제까지의 사회와 비교하여 크게 변화할 것입니다. 제4차 산업혁명으로 제조업과 서비스업에서 일자리가 상당 부분 줄어들게 됩니다. 물론 그 일자리들을 지키기 위해 시대의 변화를 막을 수는 없지요. 오히려 새로운 일자리에 맞는 인재를 키우는 일이 절실해졌음을 의미합니다.

대학교육과 노동시장의 요구가 일치하도록 대학이 산업의 수요에 맞는 인재를 양성해야 합니다. 그러기 위해서는 전체 입학 정원을 줄이고 계열별 인원을 조정해야 합니다. 또 대학은 범지구적 경쟁력이 있는 첨단 산업 분야에서 산업 맞춤형 인재를 양성할 수 있도록 체제를 바꿔야 합니다. 이를 위해서는 기업과의 연계가 필수적입니다. 범지구적 경쟁력이 있는 산업과 기업 수요자를 중심으로 대학과 정부가 협력하여 인재를 양성하는 체제를 만들고 이를 강화해야 합니다. 삼성전자와 성균관대학교 휴대폰학과 사이의 협력관계를 대표적인 예로 들 수 있습니다.

7. 인적 자원의 효율적인 활용

우리나라의 인구는 2030년에 5,216만 명까지 늘어났다가 그로부터 점점 감소할 것으로 보입니다. 그래서 2045년에는 다시 5천만 명 이하가 될 것으로 예상됩니다. 뿐만 아니라 국가 경쟁력의 바탕인 생산가능인구의 비중도 줄어들 것입니다. 2015년 73.0%에서 점점 줄어들어 2030년에 63.1%, 2060년에는 49.7%까지 급속하게 줄어들 것으로 보입니다. 이렇게 생산가능인구가 줄어들면 우리나라 잠재 성장률도 떨어질 것입니다. 이를 해결하기 위해서는 노동시장을 유연하게 하고 여러 가지 창의적 접근을 시도하여 노동시장을 효율적으로 변화시켜야 합니다. 여성과 노령 인구의 고용을 촉진하여 그들의 경제활동 참가율을 높여야 합니다. 또 외국 인력의 체계적 활용도 필요합니다.

1) 노동시장의 유연성 제고

가장 먼저 필요한 것은 노동시장의 유연성을 높이는 것입니다. 노동시장의 유연성이란 노동 서비스의 수요나 내용이 변할 때 노동 공급과 내용이 얼마나 빨리 효율적으로 대응할 수 있는가를 말합니다. 이를 기업의 차원에서 보면 상품 생산의 변화에 따라 종업원의 수, 근무시간 또는 기술 수준을 조정할 수 있는 능력입니다. 노동시장이 유연해지려면 기업에 일거리가 많이 몰릴 때는 그 일을 해낼 수 있는 직원을 재빨리 충원하고 일거리가 없을 때는 합법적으로 직원 수를 줄여 인건비 부담을 덜어야 합니다. 그런데 노조가 협조를 하지 않거나 정부가 규제를 많이 하여 기업의 조정 능력에 제한을 받으면 기업 운영이 어려워져 경쟁력이 떨어집니다. 노동시장이 유연하지 못하면 기업은 심한 인건비 부담을 안게 되고 새로운 장비나 생산기술을 들여오지 못해 기술과 상품 혁신을 제 때에 할 수 없게 됩니다. 이는 곧 기업과 나라 전체 경제의 비효율로 이어지지요.

2015년에 조사된 세계경제포럼 세계경쟁력보고서에 의하면 우리나라 노동시장의 효율성은 140개 나라 중 83위입니다. 특히 노사협력은 124위, 정리해고 비용 114위를 기록할 정도로 심각하게 유연하지 못한 상황입니다. 우리나라 노동시장이 다른 나라에 비해 유난히 경직된 이유는 1997년 외환위기 전까지 우리나라 국민 대부분이 '평생직장'이 최선이라는 생각을 가지고 있었기 때문입니다. '평생직장'이란 한번 취직하면 정년퇴직 때까지 그 회사에서 일해야 한다는 생각에서 나온 말입니다. 이런 생각은 예전에 우리 경제가 연 평균 7~8%씩 지속적으로 성장할 때는 별 문제가 되지 않았습니다.

그러나 외환위기 때 평생직장 개념이 큰 문제가 되었지요. 당시 외환위기의 발생원인 중 하나가 평생직장 개념으로 드러날 정도였습니다. 그래서 우리 정부는 IMF의 조언을 받아들여 평생직장 개념을 없애고 정리해고 제도를 도입하려 했습니다. 정리해고란 기업이 경영상 어려움을 극복하거나 개선하기 위해 기업을 구조조정할 때 필요하면 종업원을 해고할 수 있는 것을 말합니다. 물론 기존의 고용계약에 어긋나지 않는 범위에서 말이지요.

당시 정부는 정리해고라는 새로운 제도를 들여오기 위해 노조를 설득해야 했는데 이는 상당히 어려운 일이었습니다. 1997년 대선에서 김대중 후보가 대통령에 당선되기까지 노조의 지지가 많은 힘이 되었고 IMF가 요구한 개혁 입법을 국회에서 원활하게 하려면 노조 세력의 지지가 절대적으로 필요했기 때문입니다.

결국 1998년 2월 정리해고법은 국회를 통과했지만 그 법에는 노조와 타협한 내용이 담길 수밖에 없었습니다.

정리해고법에는 다음 네 가지 규정이 충족될 경우에만 정리해고가 가능하다고 되어 있습니다. 기업이 긴박한 경영 상태에 있을 때여야 하고 정리해고를 하기 위해서는 그런 상황을 피하기 위해 모든 노력을 해야 한다고 했습니다. 또 공정하고 합리적인 기준을 마련해야만 정리해고가 가능하다 했고 정리해고 이전에 노조와 성실한 협의를 하고 해당자에게 해고 50일 전에 통보해야 한다고 규정했습니다.

그러나 이런 조항들에는 여러 문제가 있습니다. 경영 상태가 긴박할 때는 정리해고를 하기에 너무 늦은 시기입니다. 정리해고는 경영 상태가 긴박해지기 전에 상태 악화를 막기 위해 하는 것이기 때문입니다. 또 '모든 노력'의 범위도 분명치 않습니다. '공정하고 합리적인 기준'은 누가 기준을 정하느냐에 따라 결과가 크게 달라집니다. 기업이 시도해도 노조가 성실한 협의에 응하지 않을 경우 고용자 측이 어떻게 해야 하는지에 대해서는 정해진 바도 없습니다. 그러니 노조가 협의 자체에 응하지 않으면 대책이 없습니다. 그래서 우리나라에서는 선진국과 달리 아직 정리해고가 제대로 실시되지 못하고 있습니다.

이렇게 정리해고가 사실상 불가능해지자 기업들은 수많은 비정규직 일자리를 만들었습니다. 이는 기업의 상황이 나빠지면 언제라도 해고할 수 있는 일자리이지요. 2015년 조사에서 우리 전체 고용인구 1,931만 명 중 32.5%가 비정규직인 것으로 나타났습니다. 비정규직 대부분은 정규직과 별 차이 없는 일을 합니다. 하지만 그들이 시간당 받는 임금 총액은 약 1만 5천 원(2018년 기준)으로 정규직의 시간당 총액(약 21,250원)의 70.6%에 지나지 않습니다. 뿐만 아니라 고용보험 57.8%, 건강보험 49.6%, 국민연금 47.7%로 4대 보험 가입률도 낮은 것으로 나타났습니다.

정규직과 비정규직의 급여와 복지 혜택의 엄청난 차이로 인한 노동시장의 이중 구조는 경제적 효율과 성장 잠재력을 크게 훼손하고 있습니다. 기업들이 청년들의 정규직 고용을 늘려 미래

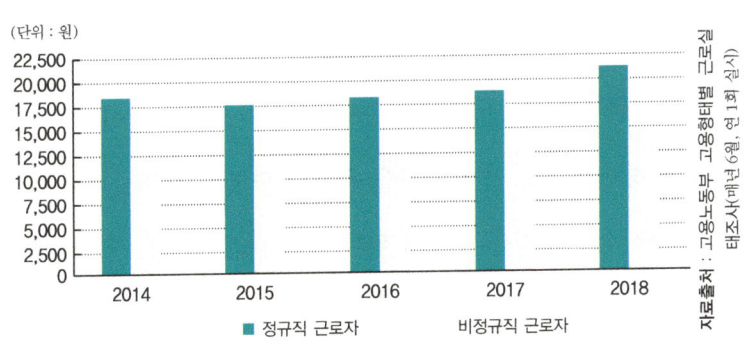

▲ 정규직과 비정규직의 시간당 임금 총액

기술 혁신에 대비하는 것을 거의 불가능하게 만들기 때문입니다.

정규직과 비정규직으로 갈라진 노동시장을 개혁하는 데는 두 가지 방안이 있습니다. 하나는 덴마크, 네덜란드 등이 1990년대 초부터 채택하고 있는 이른바 '유연안전성' 제도입니다. 유연안전성이란 말 그대로 노동시장의 유연성과 근로자의 소득을 안정시킬 수 있는 제도를 말합니다. 이 제도에서 기업은 경영난에 처하거나 새로운 사업을 시도할 때 언제나 정리해고를 할 수 있습니다. 물론 이 제도는 기업, 근로자 및 정부가 각각 자기의 역할과 의무를 충실히 수행하는 것을 전제로 하고 있습니다. 정부는 해고된 근로자 소득의 상당 부분을 보장하고 그들이 새 직장을 찾기 위해 정보를 구하거나 교육·훈련을 받는 데 필요한 비용을 지원합니다. 이런 비용을 내기 위해 개인에게 세금을 더 걷을 필요는 없습니다. 새로운 기술, 새 상품 및 새로운 시장 개발로 수입이 늘어난 기업이 더 많은 세금을 내는 덕분입니다. 이런 방법으로 유연안정성 제도는, 기업, 근로자, 정부 모두에게 이익이 되어 전체 경제가 계속 높은 성장을 유지할 수 있도록 해줍니다.

노동시장 유연성을 높이기 위한 또 하나의 방안은 모든 임금의 산정을 시간제로 하는 것입니다. 많은 사람이 같은 장소에 모여 함께 작업하는 조립 방식에서는 시간제 근로자의 생산성이 크게 떨어집니다. 그러므로 이런 방식으로 작업할 때는 종일제와 시간제의 급여가 다를 수밖에 없습니다. 그러나 지식기반경제로 나아갈수록 획일적인 조립 방식이 아니라 각자의 창의적인 발상이나 정보를 네트워크에 수시로 입력하는 방식으로 작업하게 됩니다. 그런 상황에서는 종일제와 시간제 사이에 생산성의 차이가 날 이유가 없습니다. 또 종일제도 주당 근무시간을 정해놓고 획일적으로 일해야 할 필요가 없습니다. 이런 점을 생각하면 모든 근로자가 시간제로 일하는 것이 타당하므로 급여 체계를 바꿀 필요가 있습니다.

유연안전성와 시간급여 제도의 장점은 다음과 같습니다. 첫째, 기업에 새로운 투자가 많이 일어나 새로운 일자리 창출로 이어집니다. 둘째, 유연안전성 제도와 다양한 고용 형태는 평생교육을 활성화합니다. 이로써 국민의 창의성 발휘에도 큰 도움이 됩니다. 셋째, 여성과 노년층 근로자의 노동시장 참여가 늘어나서 경제 전체의 성장 잠재력이 확대됩니다. 넷째, 더 많은 일자리가 만들어지고 정규직과 비정규직의 차이가 없어지면 소득분배도 크게 개선됩니다.

2) 여성의 경제활동 참가 촉진

2018년 우리나라의 생산가능인구 중에서 여성의 경제활동 참가율은 59.4%였습니다. 이는 OECD 국가 평균인 64.6%보다 낮습니다. 여성 경제활동 참가율은 25~29세에 76.5%로 가장 높고 30~34세, 35~39세에는 각각 65.2%, 60.7%로 감소합니다. 다시 40~44세에는 64.1%로 높아져 전체적으로 M자형 그래프를 그리고 있습니다.

우리나라 여성의 연령대별 경제활동 참가율이 M자를 보이는 데는 확실한 이유가 있습니다. 30대 여성이 출산과 육아 때문에

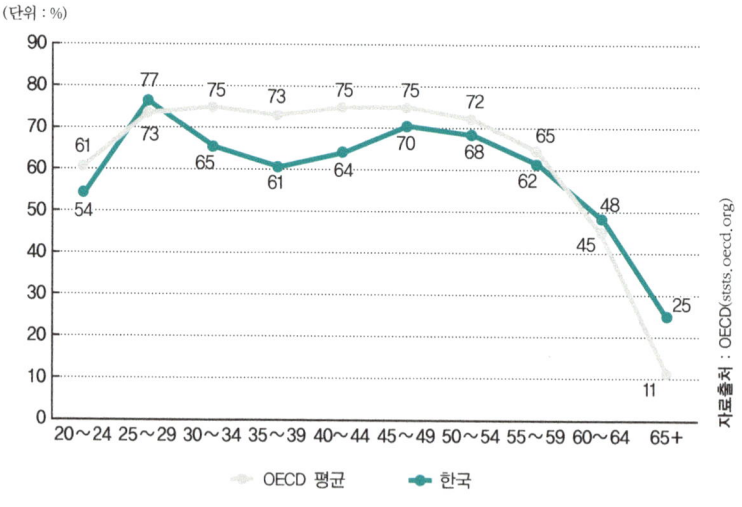

▲ 2018년 여성의 연령대별 경제활동 참가율

경제활동을 중단했다가 보육을 마친 40대 여성들이 노후 대비나 자녀 교육비용을 마련하기 위해 다시 경제활동에 참여하기 때문입니다. 30대에 이른바 경력 단절 현상이 나타나는 것입니다. 이런 경력 단절 현상은 우리 경제의 지속적 발전을 위해 반드시 개선되어야 할 문제입니다.

한편 60대 이후에는 OECD 평균보다 우리나라 여성의 경제활동 비율이 더 높은 것으로 나타났습니다. 이는 우리나라 여성들이 노후 준비가 제대로 되지 않아 나이 든 후에도 경제활동을 해야 하기 때문으로 보입니다.

통계청에 따르면 우리나라의 30~59세 여성은 월 평균 31.8시간 동안 가사노동을, 26.5시간 동안 경제활동을 위한 노동을 하고 있습니다. 기혼 여성의 경제활동 참여는 가사노동시간과 밀접한 관련이 있습니다. 일과 가정생활의 균형을 위해 경제활동 근로시간을 줄이고 시간을 재량껏 활용하게 하는 조치가 필요합니다. 일과 가정생활의 균형은 여성의 경제활동 참여를 활발하게 하고 출생률을 높이는 데도 도움이 됩니다.

시간제 근로를 도입하면 근로시간의 절대량을 줄일 수 있습니다. 그렇게 되면 여성이 가정과 직장 두 곳에서 일을 하는 데 큰 도움이 됩니다. 그래서 기혼 여성의 경력 단절을 막고 취업 상태를 유지하게 할 수 있습니다.

또 여성 경제활동 참가율이 세계 최고 수준인 스웨덴, 노르웨이 같은 나라들처럼 우리나라도 출산 휴가를 제대로 보장하고 공공 보육시설을 확충할 필요가 있습니다. 이렇게 국가가 부모의 자녀 양육 부담을 나눈다면 여성도 더욱 활발하게 경제활동에 참여할 수 있습니다.

3) 은퇴제도 개선

통계청과 직업능력개발원에 따르면 55세 정년을 기준으로 2010~2018년 퇴직하는 생산 현장의 숙련공은 100만 명으로 추산됩니다. 일본인의 평균 은퇴 나이는 69.5세이고 미국은 65.6세입니다. OECD 평균 은퇴 나이는 63.5세로, 우리나라의 은퇴 나이가 60세라 하더라도 다른 선진국에 비해 낮습니다. 우리나라보다 일찍 고령화 시대를 맞은 일본은 2006년부터 2013년까지 65세 정년을 의무화했습니다. 이로 인한 기업의 부담을 고려해 정년제 폐지, 정년 연장, 퇴직 후 재고용 중 방법을 선택할 수 있게 했지요.

우리나라는 우수한 고령 인력의 유지를 위해 단계적 퇴직 같은 유연한 퇴직제도 방법을 찾아야 합니다. 단계적 퇴직은 일정 근무 연한 후 나이에 따라 업무량이나 근무시간을 줄여나가는 방법입니다. 이로써 근로자는 갑작스러운 퇴직을 피할 수 있고 사용자는 우수한 숙련 인력이 빠져나가거나 기술 격차가 생기는 것을 막을 수 있습니다. 노사 모두에게 유용한 제도라고 할 수 있지요. 숙련 기술을 풍부하게 지닌 고령·퇴직 인력을 계약직이나 자문역으로 재고용하는 유연한 채용 정책을 쓸 수도 있습니다. 이는 노동 수요자인 기업의 관점에서 고령 인력 고용의 장애 요소를 없애거나 완화하는 데 도움이 됩니다.

4) 군 복무 기간에 기술과 창업 훈련 강화로 청년 인재 양성

우리나라는 징병제를 시행하고 있습니다. 공부하기에 적합한 청년기를 군대에 보내게 하여 경제활동에서 제외시키므로 병사 개인과 사회 전체에 막대한 기회비용이 발생하고 있습니다. 기회비용이란, 무엇인가를 선택함으로써 포기해야 하는 것들 중에서 가장 가치가 높은 것만큼의 가치를 말합니다. 다시 말해 20대 남성이 군대를 가지 않고 다른 생산적인 활동을 했을 때 얻을 수 있는 만큼의 비용입니다. 그러나 분단국가인 우리나라에서는 남북통일이 되어 전쟁의 위협이 사라질 때까지 징병제를 유지해야 합니다.

현대의 전쟁에서는 첨단 무기와 장비를 운용하는 정예화와 첨단화된 군 전력 확보가 필수적입니다. 그러나 복무 기간이 짧은 징병제에서는 전문 숙련병을 확보하기 어렵습니다. 그러므로 전문적인 군대 양성을 위해서는 경력 단절을 방지해야 합니다. 이스라엘의 예를 들어 더 자세히 설명하겠습니다.

이스라엘은 군대를 청년 인재를 길러내는 곳으로 활용합니다. 이스라엘도 징병제 국가로 국민은 남녀 모두 17세부터 2~3년 동안 군 복무를 합니다. 그런데 복무 기간 직업 훈련과 연계된 과학기술 분야의 과제를 수행합니다. 매년 고등학교 상위 50여 명의 인재는 탈피오트Talpiot라는 엘리트 군인 양성 프로그램에서 6년 동안 다양한 기술을 연구합니다. 이처럼 이스라엘 학생들은 군대에서 과학기술 분야 과제를 수행하며 문제 해결 능력과 기업가정신을 기릅니다.

우리나라도 군 복무 중 병사들에게 오랜 시간 숙련해야 하는 분야의 첨단 기술을 배우게 하고 창업 단계 기업 생태계를 만들어 장기 복무와 창업을 선택하게 하는 방안을 연구할 필요가 있습니다. 첨단 기술도 배우고 국방의 의무도 마칠 수 있는 등 동기

부여가 되므로 군 복무에 대한 긍정적 반응을 이끌어낼 수 있습니다. 이런 접근 방법으로 인적 자원을 효율적으로 배분할 수 있고 숙련병 및 첨단기술 분야의 요원을 확보할 수 있습니다. 또 청년 실업을 해소하고 청년 창업에 활기를 불어넣을 수 있습니다. 이로써 기술 위주의 전문화된 군대를 양성하면 장기적으로 군 병력 유지를 보다 효율적으로 할 수 있을 것입니다.

5) 이민을 통한 인적 자원의 활용 확대

저출산, 고령화에 따른 생산가능인구가 감소하는 상황에서는 이민을 통한 노동 참여 확대가 필요합니다. 이는 경제의 활력을 유지하고 지식집약형 혁신 경제로 탈바꿈하는 데 큰 도움이 될 것입니다. 우리나라에 체류하고 있는 외국인 수는 2013년 약 144만 6천 명으로 전체 인구의 2.8% 수준입니다. 국내에 체류하는 외국인의 수는 점차 늘고 있지만 전문 인력이 전체 외국인 근로자(전문 인력과 일반 외국인 근로자) 중에서 차지하는 비중은 12.2%로 OECD 평균(38.1%)이나 미국(75.5%)에 비해 매우 낮습니다. 또한 전체(내국인과 외국인) 전문 인력 중 외국인 전문 인력이 차지하는 비중도 2.1%로 OECD 평균(8.6%), 미국(11.9%)에 비해

외국인 노동력 비율 및 국가만족도

(단위 : %)

외국인 노동력 비율			외국인 전문인력 국가만족도		
국가	순위	비율	국가	순위	10점 척도
카타르	1	94.2	스위스	1	9.00
아랍에미리트	2	91.6	싱가포르	3	8.15
룩셈부르크	3	71.1	카타르	5	7.81
싱가포르	4	34.8	홍콩	7	7.65
스위스	7	19.8	아랍에미리트	8	7.56
홍콩	–	–	룩셈부르크	10	7.42
한국	29	2.8	한국	32	5.04

자료출처 : IMD, *The IMD World Competitiveness Yearbook 2011*, 2011. 김기환(2013) 365쪽 표 7-11 에서 재인용

매우 낮은 편입니다.

중심지 국가는 대체로 외국인 노동력의 비중이 높습니다. 또 외국인 전문 인력의 국가 만족도도 높은 편입니다.

우리나라는 외국의 인적 자원을 활용하는 데 있어 매우 비효율적입니다. 실제로 우리 정부의 다문화 정책 및 이주민 지원 정책은 결혼 이민자를 받아들이는 수준에 머물고 있습니다. 이민을 통해 전문적이고 숙련된 인력을 활용하겠다는 적극적인 이민 정책은 별로 없습니다.

또 3년의 고용 허가 기간이 지난 노동자들은 규정상 재취업

하기 어려워 불법 체류자가 늘고 있습니다. 현재 시행되고 있는 단기 순환 방식의 고용허가제는 그 한계점을 드러내고 있는 것입니다. 따라서 개방적이고 적극적인 이민 정책을 통해 미국이나 중국처럼 우수한 외국 전문 인력을 유치해야 합니다.

미국은 나라의 이익에 기여할 외국인에게 우선적으로 영주권을 발급해주는 노동허가 면제 프로그램을 확대 운영하고 있습니다. 고급 인재에게 신속하게 영주권을 주는 '취업 이민 1순위 제도'로 많은 외국인 인재를 유치했습니다. 중국은 2008년부터 해외 고급 인재 유치 프로그램인 '천인 계획'을 통해 많은 외국인 인재를 영입했습니다.

우수한 외국인 인재를 적극적으로 끌어들이려면 외국인 출입국 관리 정책뿐만 아니라 자녀 교육, 사회 복지, 세금 혜택 등 생활환경 전반에 대한 정부 지원이 있어야 합니다. 또 그런 것들이 가능하도록 사회적 환경이 조성되어야 합니다. 우선 국적법, 출입국관리법, 재한외국인처우기본법 등 이민 정책을 총괄하는 이민법 제정이 절실합니다. 또한 법무부, 외교통상부, 고용노동부, 보건복지부 등 여러 부처에 나뉘어 관리되고 있는 이민 관련 정책을 보다 종합적이고 원활하게 수행해야 할 것입니다.

8. 기술 개발의 질적 수준 향상

[물음]
기초·원천 기술을 확보하고 기술 사업화를 하려면 어떤 정책이 필요할까요?

[답변]
우리나라가 기초·원천 기술을 확보하고 기술 사업화를 하려면 기초과학 및 원천기술 역량을 강화해야 합니다. 또 기술 사업화를 추진하고 범지구적 기술 협력 네트워크를 강화하며 새로운 과학기술 관리 체계를 수립해야 합니다.

전 세계 각 나라 정부는 21세기에 들어서면서 미래의 새로운 성장 동력을 개발하기 위해 다양한 정책 지원을 하고 있습니다. 새로운 기술 개발을 국가 경쟁력의 핵심으로 인식하고 있는 것입니다. 21세기는 디지털 융합 기술의 시대입니다. 이제 급변하는 기술 환경 속에서 각 나라의 다국적 기업들도 새로운 기술 없이는 더 이상 살아남을 수 없는 시대가 되었습니다. 이에 각 나라 정부는 우수한 새 기술을 개발하고 이를 활용하여 새로운 제품을 생산하고 판매하는 기업을 지원하는 다양한 정책을 추진하고 있습니다.

우리나라는 연구개발에 지속적으로 투자하여 지금까지는 눈에 띌만한 기술적 성과를 거두었습니다. 앞으로도 이 성과를 지속시키기 위해 기술 개발의 질적 수준을 한층 더 끌어올리는 노력이 필요합니다. 우리나라는 기술 개발의 양적 혹은 물적 인프라 면에서는 세계 상위권에 속합니다. 그러나 국내외 협력 및 연구 성과의 질적인 면에서는 순위가 매우 낮습니다.

앞으로 기술 개발의 질적 수준을 향상시키려면 미래 기술을 이끌고 갈 핵심적인 기초·원천 기술을 확보해야 합니다. 이런 기술들은 짧은 기간에 확보하기 어렵기 때문에 새로운 시각의 정책이 마련되어야 합니다. 미래에 기술이 필요할 것으로 예상되는 기초과학 분야에 대한 연구에 우선순위를 두어야 합니다. 기초·원천 기술을 확보하고 기술 사업화를 하려면 어떤 정책이 필요할지 구체적으로 살펴보겠습니다.

1) 기초 과학 및 원천기술 역량 강화

우리나라는 이제껏 선진국 기술을 들여오고 그것을 모방하여 사용해왔습니다. 그러나 이렇게 하는 데는 한계에 이르렀습니다. 그래서 창조적 혁신의 밑바탕이 되고 미래 성장을 이끌어갈 기초·원천 기술 분야의 효과를 높이기 위한 기초 연구를 강화해야 합니다. 기초·원천 기술 중 설계 기술, 정보 기술, 생명 기술, 나노 기술, 에너지 기술 등을 확보하는 것이 21세기 우리나라의 주요 정책 과제입니다.

기초 역량을 강화하는 것은 정부와 민간이 모두 참여하고 협조해야 할 국가적 과제입니다. 과거 우리나라가 기술 추격기에 있을 때는 대규모 연구 자금과 연구 인력을 동원하여 목표를 달성할 수 있었습니다. 그러나 새로운 기술 분야를 개척해야 하는 지금은 연구 체계와 기술 혁신 체계를 질적으로 개선하지 않으면 안 됩니다. 이를 위해서는 축적하는 시간이 필요합니다. 그래서 대학과 공공연구소 등의 연구기관, 민간 기업, 정부의 협력이 절실합니다.

2) 기술 사업화 추진

기초·원천 기술 개발을 목표로 한 연구개발 투자를 늘려나가는 것도 중요하지만 연구개발 성과를 사업화하는 것도 중요합니다. 그래야 경제적 성과를 이뤄낼 수 있기 때문입니다. 확보된 기술이 제대로 사업화되지 못한 상태에서 연구개발을 계속하는 것은 심한 자원 낭비에 지나지 않습니다. 우리나라의 공공 연구기관의 기술 이전 및 사업화 비율은 27.4%로 미국이나 유럽연합에 비해 매우 낮습니다.

    기술 사업화가 잘 안 되는 이유는 연구개발에 비해 기술 사업화에 대한 지원이 상대적으로 적고 이를 위한 기반도 부족하기 때문입니다. 특히 기업이 가진 기술, 자금, 인력, 정보 등 기술 사업화 추진 역량이 부족합니다. 또 다양한 주체와의 연계망 구축이나 활용이 활성화되어 있지 않습니다. 정부 지원 사업 사이에도 연계가 잘 되지 않는 실정입니다. 기업가정신을 발휘하여 기술 개발에 성공한 기업가가 기술 사업화에 전념할 수 있도록 하려면 자금과 정보 등이 필요한 시기에 제공되어야 합니다. 또한 기업의 기술 사업화 역량을 더 키우고 기술 사업화에 대한 지원 정책을 체계화할 필요가 있습니다. 즉, 국가 연구개발 정책이 산업 현장이나 시장과 밀접한 관계에 있어야 합니다.

3) 범지구적 기술 협력 네트워크 강화

기술이 첨단화하고 융·복합화함으로써 이제 단독으로 기술 개발하는 것이 어려워졌습니다. 기술 수명이 단축되고 개발비용이 증가함에 따라 연구개발에 대한 투자가 더욱 중요해졌습니다. 연구개발 투자의 효율성을 높이기 위해서는 글로벌 기술 협력 네트워크를 강화해야 합니다. 특히 기초·원천 기술 분야 경쟁력이 세계 최고 수준인 미국과의 협력 망을 더 굳건하게 해야 합니다.

세계적으로 탁월한 대학 사이의 공동 연구 프로그램과 같은 학술 교류를 확대하고 그 대학들을 국내에 유치하는 것도 글로벌 기술 협력을 위한 좋은 방법입니다. 또 국내 기술의 외국 사업화나 외국 기술의 국내 사업화가 효율적으로 이뤄져야 합니다. 이를 위해 다양한 국제 협력 프로그램을 확대하는 등 글로벌 네트워크를 구축해야 합니다.

다행히 우리나라는 2009년 아시아 국가로는 최초로 세계 최대의 기술 이전 네트워크인 유럽의 'EEN'에 가입했습니다. EEN(Enterprise Europe Network)은 유럽연합(EU)을 중심으로 유럽, 미국 등 67개 나라 600여 기관이 참여하는, 중소기업을 위한 기술·비즈니스 협력 네트워크입니다. 또 상용화 기술 공동 개발을 지향하는 '유레카' 연구개발 네트워크에도 아시아 국가로는 최초로 준회원국이 되었습니다.

이렇게 우리나라는 이미 범유럽권의 여러 선진국과 기술 교류 협력을 촉진하기 위한 기반을 충분히 만들어놓았습니다. 이제 '국제 협력국'의 예산을 늘리고 앞의 두 기술 이전 네트워크와 관련된 다양한 학술 프로그램을 기획하여 국제 기술 협력 전문가를 양성하는 일만 남았습니다. 이와 함께 정부 차원에서 미국, 일본, 독일 등 주요 선진국의 우수한 이공계 교수진 및 연구기관의 과학기술 인력을 국내에 초빙하거나 이민을 촉진해야 합니다.

중소기업 부문은 글로벌 기술 협력이 특히 강조되어야 합니다. 글로벌 협력 역량의 차이가 대기업과 중소기업 사이의 기술 격차도 벌어지게 했기 때문입니다. 중소기업의 국제 기술 협력 강화를 위해서는 정부의 지원이 절실히 필요합니다.

4) 새로운 과학기술 관리 체계의 수립

과학기술 혁신은 불확실하고 복잡합니다. 그러므로 다양한 과학기술 분야의 협력이 필요합니다. 과학기술 개발 정책의 결정 과정에는 정부와 민간의 협력 체제가 구축되어야 합니다. 21세기 첨단 산업의 기초·원천 기술 개발을 위해서는 다양한 현장에서 일하고 있는 기업가들의 창의성을 이끌어내고 각 연구 주체들의 협력을 유도해내야 합니다. 이를 위해 수평적이고 사회 통합적으로 이루어지는 정책 결정이 필요합니다.

황 인 희

역사칼럼리스트, 인문여행작가, 다상량 인문학당 · 두루마리역사교육연구소 대표

(주)계몽사 근무(홍보실장)

(주)샘터사 근무(월간 『샘터』 편집장)

이화여자대학교 사범대학 사회생활과 졸업

중앙대 예술대학원 문예창작전문과정 수료(소설 전공)

수상 및 저술 경력 : 2010년 조선일보 논픽션 대상 우수상 수상, 『역사가 보이는 조선 왕릉 기행』(21세기북스), 『고시조, 우리 역사의 돋보기』(기파랑), 『잘! 생겼다 대한민국』(기파랑), 『궁궐, 그날의 역사』(기파랑, 2015년 세종도서 교양부문 선정 도서), 『우리 역사 속 망국 이야기』(백년동안), 『쉽게 풀어 쓴 선진 통일 이야기』(글마당), 『하루를 살아도 당당하게』(니케북스, 국립중앙도서관 · 국립세종도서관 사서 선정 이달의 도서), 『펭귄 쌤과 함께 떠나는 우리 근현대사 여행』(기파랑), 『박정희 새로 보기』(공저, 기파랑), 『대한제국 실록』(유아이북스), 『대통령의 선물』(공저, 프리덤 앤 위즈덤)

강 정 모

경희대학교 명예교수

경희대학교 교무처장 · 학장 · 테크노경영대학원 원장

한국동북아경제학회 · 한국비교경제학회 · 통일경제연구협회 회장

국민경제자문위원회 대외경제위원회 전문위원

서울대학교 농경제학과 학사

미국 북일리노이 대학교 대학원 경제학 박사

저서 : 『홍익국부론』(율곡출판사) 외 다수
역서 : 『국제경제학』(시그마프레스) 외 다수
논문 : "The East Asian Model of Economic Development" 외 다수

쉽게 풀어 쓴 홍익국부론

초판 1쇄 인쇄 2019년 6월 27일
초판 1쇄 발행 2019년 7월 5일

지은이 황인희
펴낸이 박기남
기획·영업 박정헌

펴낸곳 **율곡출판사**

08590 서울시 금천구 가산디지털1로 84(에이스하이엔드 8차), 803호
전화 (代) 02) 718-9872/3
팩스 02) 718-9874
홈페이지 http://www.yulgokbooks.co.kr
이메일 yulgokbook@naver.com
등록 1989.11.10. 제2014-000031호
ISBN 979-11-87897-63-7 03320

정가 15,000원

※ 지은이와의 협의 하에 인지는 생략합니다.
※ 파본 및 잘못된 책은 구입하신 서점에서 바꾸어 드립니다.
※ 이 책의 무단 전재 또는 복제행위에 대해서는 저작권법 제136조에 의거
5년 이하의 징역 또는 5,000만원 이하의 벌금에 처하게 됩니다.